Diploma×KYOTO '15
The Kyoto Exhibition of Graduation Projects by
Architecture Students

はじめに

まだ寒さの残る中、2015年2月23日から25日にかけて
京都市勧業館みやこめっせにおいて、
関西建築卒業設計の祭典「Diploma×KYOTO'15」は開催された。
諸般の事情によりやむを得ず平日開催となったが、
出展者の士気が下がるということはなく、
むしろ各作品の放つ迫力は凄まじく、
今年度のコンセプトである「Spring」を体現するかのような
若い建築の萌芽をいたるところで発見することができた。
並べられた作品群は凛々しく佇み、力強い。
Diploma×KYOTOの特徴は、運営者が同時に出展者でもあるということだ。
このことは、様々な変革の可能性を孕んでいることを意味する。
この会をとり仕切るのはまさに学生自身であり、
成功も失敗もすべて自分たちの責任と能力において決定される。
—
そして、この営みはなにかに似ていることに気づく。
「建築設計」である。
Diploma×KYOTOをとり仕切ること、それはまさに「設計をおこなうことである」。
あらゆる与条件をとりまとめ、組み立て、先導する。
まさに建築家の職務の一旦に触れているのではないだろうか。
この経験や、ここで生まれたつながりは
今後の人生において必ず活かされることだろう。
—
末筆ながら、この会を運営するにあたりご尽力頂いた協賛企業の方々、
会をまとめた本作品集の出版を無償で引き受けご尽力いただきました、
総合資格学院 岸隆司学院長および同学院出版局の皆様、
審査を務めて頂いた先生方、そして2日間の司会を務めて頂いた松田達先生、
そしてこの展覧会をともに運営してくれた出展者の皆様に深く感謝し、
はじめの挨拶としたい。

2015年3月31日
Diploma×KYOTO'15 代表
黒柳歩夢

実施概要

開催期間
2015年2月23日[月]-2月25日[水]

会場
京都市勧業館みやこめっせ

主催
京都建築学生之会

—

参加大学数：19大学
大阪大学
大阪芸術大学
大阪工業大学
大阪市立大学
金沢工芸大学
関西大学
関西学院大学
京都大学
京都建築専門学校[KASD]
京都工芸繊維大学
京都女子大学
近畿大学
神戸大学
滋賀県立大学
摂南大学
奈良女子大学
兵庫県立大学
三重大学
武庫川女子大学
立命館大学

—

参加者
163名

公開講評会

Day 1 | 発源──意匠を辿る

審査員
佐々木葉二[ランドスケープ・アーキテクト、京都造形芸術大学教授]
島田陽[建築家]
西沢立衛[建築家、横浜国立大学大学院Y-GSA教授]
八束はじめ[建築家、建築批評家、芝浦工業大学名誉教授]
司会：松田達[建築家、武蔵野大学講師]

Day 2 | 跳躍──具体と抽象の狭間

審査員
ナガオカケンメイ
[デザイン活動家、京都造形芸術大学教授・武蔵野美術大学客員教授]
南後由和
[社会学者、明治大学情報コミュニケーション学部専任講師]
満田衛資[構造家、満田衛資構造計画研究所代表]
司会：松田達

Day 3 | 泉──等身大の批評をつくる

審査員
出展者全員
司会：黒柳歩夢

本書の構成

本書は京都建築学生之会合同卒業設計展「Diploma×KYOTO'15」の記録集として制作されました

BOOK1

はじめに

Day 1 │ 発源──意匠を辿る

実施概要
受賞作品紹介
審査会ドキュメント
審査員座談会

BOOK2

Day 2 │ 跳躍──具体と抽象の狭間

実施概要
審査員セレクト作品講評
審査員賞受賞作品紹介
審査員×受賞者対談

BOOK3

Day 3 │ 泉──等身大の批評をつくる

実施概要
審査ドキュメント
学生間講評受賞作品紹介
エッセイ──現在形の建築論

総評［松田達］
出展作品紹介

学生代表座談会──Diploma×KYOTO'15を終えて

広告
あとがき

Diploma×KYOTO '15

The Kyoto Exhibition of Graduation Projects by Architecture Students

[1日目]

Day1 Contents

007	Outline	講評会概要
008		審査員紹介
010		受賞者・ファイナリスト紹介

Works
作品紹介

012	First Prize	道行きの闇(かどもり)	ID080	杉森大起
018	Second Prize	天涯に祈る――崩れと対峙する天涯の英雄祈念館	ID056	楠本鮎美
024	Third Prize	湖水をわたる――西の湖再生のためのフィールドミュージアム	ID021	浦田麻紀子
028	Third Prize	**KADOCHI COMPLEX** ――交差点風景の形状特性を補完する建築空間の編集手法	ID089	竹村優里佳
032	Finalists	尼崎再計画	ID004	天野直紀
034		ひとつの正方形からはじまる京都の再編	ID014	岩井浩太
036		幸福町児童養護施設	ID018	上田満盛
038		Media is Art.	ID031	小川亜紀穂
040		溶ける魚――集団的無意識を手掛かりに体験者にノン・フィニートの状態を示しながら「記憶の索引」や「未来への兆候」をもたらすもの	ID065	甲津多聞
042		炭都再来――地産地消のエネルギーによる場の再構築	ID088	竹川康平
044		アートが変える瀬戸内の暮らし――多度津駅再開発計画	ID166	渡邊詩織

046	Document	講評会全記録
060	After Talk	審査員座談会

［講評会］発源──意匠を辿る

異なる立場で活躍している
4名の建築家を審査員として、
また松田達氏を司会に迎えた。
審査員と学生の応答を通して
作品の意図がときほぐされ
現代の建築が抱えるテーマが
明らかにされていった。

［審査員］
佐々木葉二／島田陽／西沢立衛／八束はじめ
［司会］
松田達
［日時］
2015年2月23日 13:00-16:30

DAY 1

Diploma × KYOTO'15

Juries
審査員

佐々木葉二

1947年奈良県生まれ。
京都造形芸術大学環境デザイン学科教授
1971年神戸大学卒業。
1973年大阪府立大学大学院緑地計画工学専攻修士課程修了。
1973年−1987年 建設会社勤務。
1987年−1989年
カリフォルニア大学大学院客員研究員、およびハーバード大学大学院ランドスケープアーキテクチュア学科客員研究員をつとめる。
1989年8月−1989年末
ピーター・ウォーカー＆マーサシュワルツ事務所（PWP）勤務。
1989年−現在
鳳コンサルタント環境デザイン研究所とともに設計活動をおこなう。
1999年より現職
主な受賞に、日本造園学会賞[1996]、日本造園学会特別賞[2011]、グッドデザイン賞、都市景観大賞、環境大臣賞、米国ASLA Merit of Award[2004]
著書に2010年
『ランドスケープの近代』[鹿島出版会]、2014年『佐々木葉二作品集』[マルモ出版]

島田陽

1972年兵庫県生まれ。
1995年京都市立芸術大学美術学部環境デザイン学科卒業。
1997年同大学大学院修士課程修了。
1997年タトアーキテクツ／島田陽建築設計事務所設立。
2013年「山崎町の住居」で
Asia Pacific Property Award、Architecture Single Residence Highly Commended受賞。
2013年「六甲の住居」で
LIXILデザインコンテスト2012金賞、第29回吉岡賞受賞等。
著書に2012年
『7iP #04 YO SHIMADA』[ニューハウス出版]
神戸大学、神戸芸術工科大学、広島工業大学 等非常勤講師。

西沢立衛

1966年東京都生まれ。
1990年横浜国立大学大学院修士課程修了、
妹島和世建築設計事務所入所。
1995年妹島和世と共にSANAA設立。
1997年西沢立衛建築設計事務所設立。
主な受賞に日本建築学会賞、
ベネツィアビエンナーレ第9回国際建築展
金獅子賞*、ベルリン芸術賞*、プリツカー賞*、
藝術文化勲章オフィシエ、村野藤吾賞。
主な作品に、ディオール表参道*、
金沢21世紀美術館*、森山邸、House A、
ニューミュージアム*、十和田市現代美術館、
ROLEXラーニングセンター*、
豊島美術館、軽井沢千住博美術館、
ルーヴル・ランス* 等。
[*はSANAAとして妹島和世との共同設計及び受賞]

八束はじめ

1948年山形市生まれ。
1972年東京大学工学部都市工学科卒業。
1978年同工学系大学院博士過程満期退学、
磯崎新アトリエ入所。
1982年同上退所（株）UPM設立。
2003年芝浦工業大学
工学部建築工学科教授。
2014年同上 退職 名誉教授。
主な受賞、作品、著作として、
1993年新潟市文化会館 設計競技優秀作
1993年『ロシア・アヴァンギャルド建築』
[INAX出版]、
1995年文教大学体育館
1996年白石市情報センター、
1998年越後丘陵公園フォリー、
2002年美里市広域文化交流センター、
2004年『思想としての日本近代建築』
[岩波書店]、
2010年東京計画2012
2012年『メタボリズム・ネクサス』[オーム社]、
2014年『ル・コルビュジエ―
生政治としてのユルバニスム』[青土社]

［司会進行］松田達

1975年石川県生まれ。
武蔵野大学工学部建築デザイン学科専任講師。
1997年東京大学工学部都市工学科卒業。
1999年同大学大学院建築学専攻
修士課程修了。
隈研吾建築都市設計事務所を経て、
文化庁派遣芸術家在外研修員として
パリにて研修後、
パリ第12大学パリ都市計画研究所にて
DEA課程修了。
2007年松田達建築設計事務所設立。
2011年より
東京大学先端科学技術研究センター助教。
2015年4月より現職。
受賞に空間デザイン賞、
いしかわインテリアデザイン賞石川県知事賞、
石川県デザイン展金沢市長賞、
アジア建築新人賞ファイナリストほか。
建築と都市を横断してつなぐ活動を、
研究、実践の両面で続けている。

Finalists
受賞者・ファイナリスト

1st Prize — 1
ID080
杉森大起 Daiki Sugimori
立命館大学建築都市デザイン学科

道行きの閇(かどもり)

2nd Prize — 2
ID056
楠本鮎美 Ayumi Kusumoto
立命館大学建築都市デザイン学科

天涯に祈る
——崩れと対峙する天涯の英雄祈念館

3rd Prize — 3
ID021
浦田麻紀子 Makiko Urata
奈良女子大学住環境学科

湖水をわたる
——西の湖再生のためのフィールドミュージアム

3rd Prize — 3
ID089
竹村優里佳 Yurika Takemura
近畿大学建築学科

KADOCHI COMPLEX
——交差点風景の形状特性を補完する建築空間の編集手法

Finalist
ID004
天野直紀
Naoki Amano
京都大学建築学科

尼崎再計画

Finalist
ID014
岩井浩太
Kota Iwai
大阪工業大学建築学科

ひとつの正方形からはじまる
京都の再編

Finalist
ID018
上田満盛
Mitsumori Ueda
大阪市立大学建築学科

幸福町児童養護施設

Finalist
ID031
小川亜紀穂
Akiho Ogawa
神戸大学建築学科

Media is Art.

Finalist
ID065
甲津多聞
Tamon Kozu
大阪芸術大学建築学科

溶ける魚
――集団的無意識を手掛かりに
体験者にノン・フィニートの状態を
示しながら「記憶の索引」や
「未来への兆候」をもたらすもの

Finalist
ID088
竹川康平
Kohei Takegawa
神戸大学建築学科

炭都再来
――地産地消のエネルギーによる
場の再構築

Finalist
ID166
渡邊詩織
Shiori Watanabe
京都建築大学校建築学科

アートが変える瀬戸内の暮らし
――多度津駅再開発計画

1st Prize
道行きの闇
ID080
杉森大起
Daiki Sugimori

立命館大学建築都市デザイン学科

日本人は古来より山林を神が宿る場として信仰の対象としてきた。
大いなる自然への信仰は希薄化し、林業の衰退に伴い山林が荒廃しつつある現代において、
「木材の森林から都市への動線」と「人の都市から森林への動線」といった、
2つの道行きの「閾(かどもり)」としての建築を計画することで、
人と森林が再び共存共栄していくための架け橋を生み出す。

道行きの關（かどもり）｜杉森大起｜立命館大学建築都市デザイン学科

敷地

火防の神を祀り全国から多くの参拝者を集めた秋葉神社への心願植林以来、林業の栄えた静岡県浜松市天竜区。現在ではその信仰は薄れ、林業も衰退し、火の神のもとで育てられた山の木々は負の遺産となりつつある。

静岡県浜松市天竜区

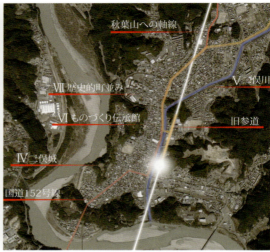
二俣町周辺

1 火防の秋葉信仰／秋葉街道｜2 火防の木材 天竜林業｜3 舟運の道 天竜川｜4 ものづくりの精神 本田宗一郎｜5 山と都市を結ぶ川湊 二俣川｜6 山と都市の境界 二俣城下町｜7 歴史の残る町 二俣町

配置計画

木材を原木から製材し都市部に流す「木材の森林から都市への動線」と人を工匠として育て森林へ送る「人の都市から森林への動線」といった、2つの道行きの「閊（かどもり）」としての建築を計画する。

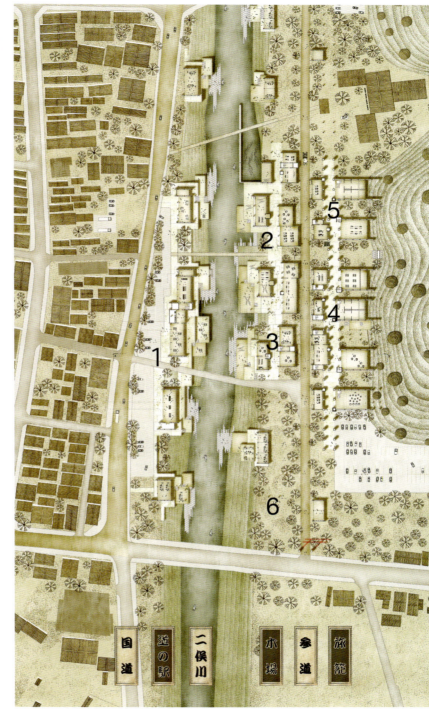

1. 道の駅
・山の幸市場
・天竜フードコート
・天竜木工品売店
・天竜観光情報休憩所

2. 製材所
・貯木
・原木引揚
・剥皮
・製材
・乾燥
・倉庫
・仕上げ加工
・木工品加工
・木質ペレット製造所

3. 木工体験場
・木工品製作
・木工品展示
・木工品販売

4. 宿泊施設
・事務室
・秋葉茶屋
・秋葉山グッズ販売
・秋葉信仰関連展示
・秋葉信仰宴会室
・共用ラウンジ
・天竜温泉
・山の幸レストラン
・宿泊室

5. 大工養成場
・共同キッチン
・天竜林業資料館
・共同浴場
・宿泊室

6. 公園
・乗船場
・木質バイオマス発電
・釣り人達の宿
・東屋
・バス停

国道　道の駅　二俣川　木場　参道　旅籠

道行きの閙｜杉森大起｜立命館大学建築都市デザイン学科

周囲のコンテクストと建築の関係

森林と都市の中継地点として交通量の多い国道152号線沿いにせがい造りの町家や並木道が続く。

町に対して軒が伸び、アクティビティが滲む。建築と木々が川を挟んだ異界への門としての空間体験を演出する。

水辺では木場として木材を原木から皮を剥ぎ、製材し、加工するアクティビティを川に対して開き、道の駅に立ち寄った人が対岸の異界のアクティビティに興味を誘う空間となる。

設計手法

カルテジアングリッドに則って点・線・面・ボリュームのスケール操作をおこない、大小様々な水平垂直材を配することで空間を形成する。グリッドシステムと日本人の持つ「幽玄の感性」を融合したこれからの木造建築を提案する。

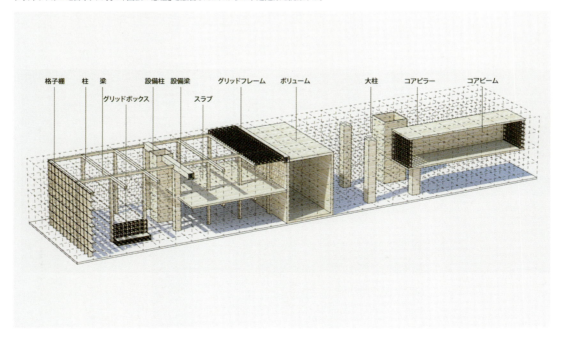

閣 (かどもり)

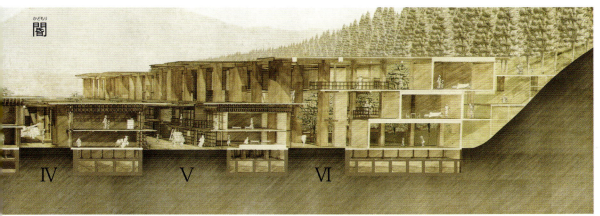

IV　　　　　V　　　　　VI

IV 木場
製材場の作業動線では木材加工の現場を日常的活動として体験できる。

V 参道
参道では秋葉街道の宿場町のようにヒューマンスケールなボリュームが密にあり、旅の始まりとして人々を秋葉山へ送り出す空間となる。

VI 旅籠
宿泊施設内には、秋葉山の林道のように荘厳で太い木が林立する道行きの空間を抽象化し、現代の建築空間として太い柱と奥性により、秋葉山の荘厳な道行きを体験する場となる。

構造［仕口］

ピラー
伝統的な仕口である竿継ぎを用いる

コアピラー
燃え代設計を施した耐火集成材はガゼットプレートによって着脱を容易にする

グリッドボックス
千鳥格子のユニットを組み、展示スペースや家具として利用する

簡易グリッドボックス
屋台などの仮設的な部分には脱着が容易な簡易グリッドボックスを用いる

グリッドフレーム
屋根を支える構造は水平と垂直の単純な部材構成を用い、小さな木材から大きな空間を生み出す

燃え代設計｜燃え止まり型
荷重支持部の周囲に難燃薬剤を注入した燃え止まり層を配し、構造を支える内部までの炭化を防ぐ

燃え代設計｜鉄骨設備内蔵型
鉄骨の構造支持材の周りに燃え代層を配し、隙間に設備パイプを設ける

短手断面詳細図

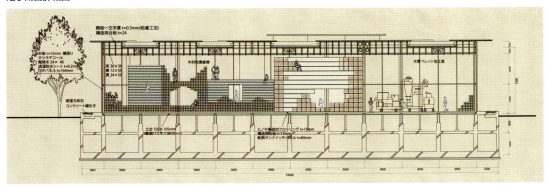

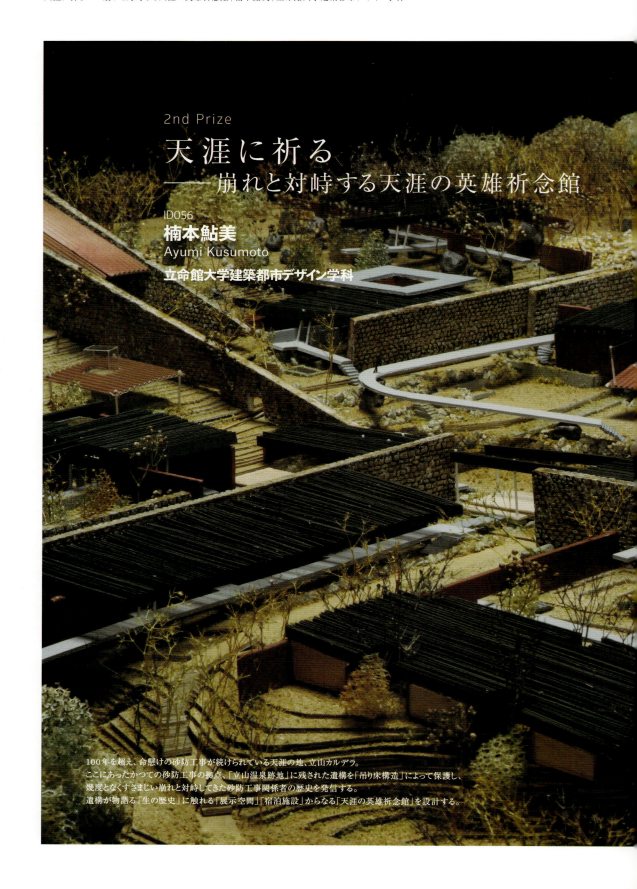

2nd Prize

天涯に祈る
——崩れと対峙する天涯の英雄祈念館

ID056
楠本鮎美
Ayumi Kusumoto

立命館大学建築都市デザイン学科

100年を超え、命懸けの砂防工事が続けられている天涯の地、立山カルデラ。ここにあったかつての砂防工事の拠点、「立山温泉跡地」に残された遺構を「吊り床構造」によって保護し、幾度となくすさまじい崩れと対峙してきた砂防工事関係者の歴史を発信する。
遺構が物語る「生の歴史」に触れる「展示空間」「宿泊施設」からなる「天涯の英雄祈念館」を設計する。

天涯に祈る――崩れと対峙する天涯の英雄祈念館｜楠本鮎美｜立命館大学建築都市デザイン学科

敷地

知られざる命懸けの砂防工事現場、立山カルデラ富山県立山町。ここには観光地として有名な「立山黒部アルペンルート」がある。その裏に「知られざるもう一つの立山」と呼ばれる「立山カルデラ」がある。ここでは幾度とない崩れから富山平野を守るため、「命懸けの砂防工事」が人知れずおこなわれている。

計画地

幾度とない崩れに立ち向かう砂防工事は100年を超えておこなわれており、崖っぷちの砂防工事現場では、たくさんの作業員の命が奪われてきた。現在、立山カルデラでは、立山砂防事務所によって、土木・自然遺産を巡る「カルデラ・砂防体験学習会」が開催されている。1日40人、週160人の一般客が、この立山カルデラを訪れ、崩れの傷跡や砂防堰堤群を目の当たりにする。

遺構が残る、かつての工事拠点、立山温泉跡地。明治時代から砂防工事拠点として、作業員が暮らしていた温泉旅館。カルデラ唯一のオアシスと呼ばれたが、砂防工事の拠点が移り、衰退。現在は主に5つの施設の基礎の遺構が残るのみである。

配置ダイアグラム

①5種類の遺構を区別する力強い壁を、周辺の自然環境に向けてのびやかに配置する。

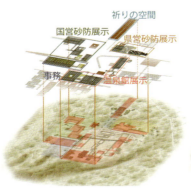
②それぞれの遺構に合う施設をそれぞれの遺構の上に配置する。

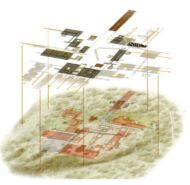
③さらに周辺の川・谷・森に向けて建築を配置することで自然環境も建築に取り込む。

敷地に残る遺構

立山温泉旅館

供養塔

釜戸

金庫

浴槽

構造形式

遺構や地形を壊すことなく、遺構に寄り添い、自然にのびやかな吊り床構造

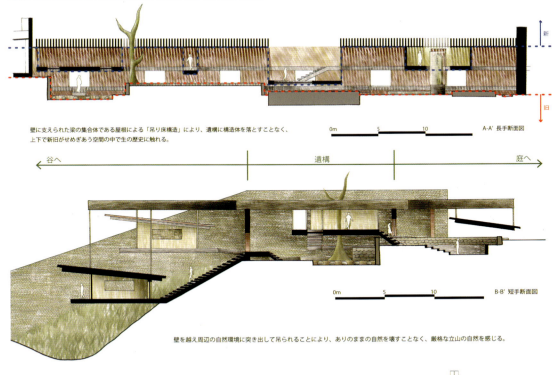

壁に支えられた梁の集合体である屋根による「吊り床構造」により、遺構に構造体を落とすことなく、上下で新旧がせめぎあう空間の中で生の歴史に触れる。

A-A' 長手断面図

壁を越え周辺の自然環境に突き出して吊られることにより、ありのままの自然を壊すことなく、厳格な立山の自然を感じる。

B-B' 短手断面図

かつての温泉の、浴槽の遺構の上に吊られる

崩れの傷跡と呼ばれる谷につきでる宿泊部屋群

遺構の上に配置された施設

施設紹介

[県営砂防展示]
明治時代に発祥した富山県による砂防工事。すべてが手作業で、完成間近の砂防堰堤が幾度となく破壊された。
そんな難工事に立ち向かった先人の想い・苦難を知る。

1 お釜：県営砂防事務所遺構のカマド跡に残されたお釜｜2 護天涯：森の中で見つける。先人の決意を表す「護天涯の碑」
3 いばらの道：幾度とない崩れに立ち向かう砂防工事をあらわす｜4 16人の犠牲者：殉職した犠牲者を偲ぶ16個の光が遺構を照らす
5 山静川清：先人の願い「山静川清」｜6 悲願：立山砂防工事の国営化という、先人の悲願が叶ったことを感じる「チングルマ」の花畑

[温泉館]
自然の恩恵と脅威を感じる。

1 露天風呂：森の中の露天風呂
2 宿泊：谷に突き出た宿泊部屋から「崩れの傷跡」の谷を覗く

[祈り]
殉職者の供養塔を目にし、背後にそびえる霊山立山連邦に向けて、天涯の英雄に祈念する。

[国営砂防展示]

人里離れた天涯の地で、破壊されることなく今も富山平野を守り、
立山砂防の要となっている最大の砂防堰堤の工事に関わった英雄たちの歴史を知る。

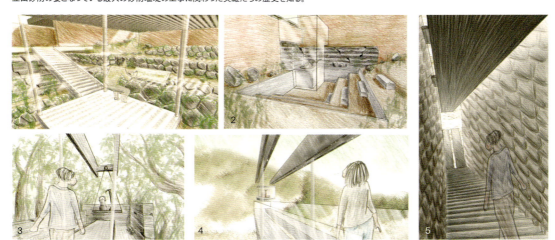

1 砂防の父：遺構の中で見る、砂防の父と呼ばれた「赤木正雄」の砂防堰堤の図面
2 生命線：砂防工事の生命線と呼ばれた工事用トロッコの手動スイッチバック｜3 要：立山砂防の要となる最大の砂防工事に使われた道具
4 赤電話：家族との唯一の連絡手段であった「赤電話」｜5 鎮魂：作業員の命をうばった、暴れ川に向けた鎮魂の空間

3rd Prize

湖水をわたる
——西の湖再生のためのフィールドミュージアム

ID021
浦田麻紀子
Makiko Urata

奈良女子大学住環境学科

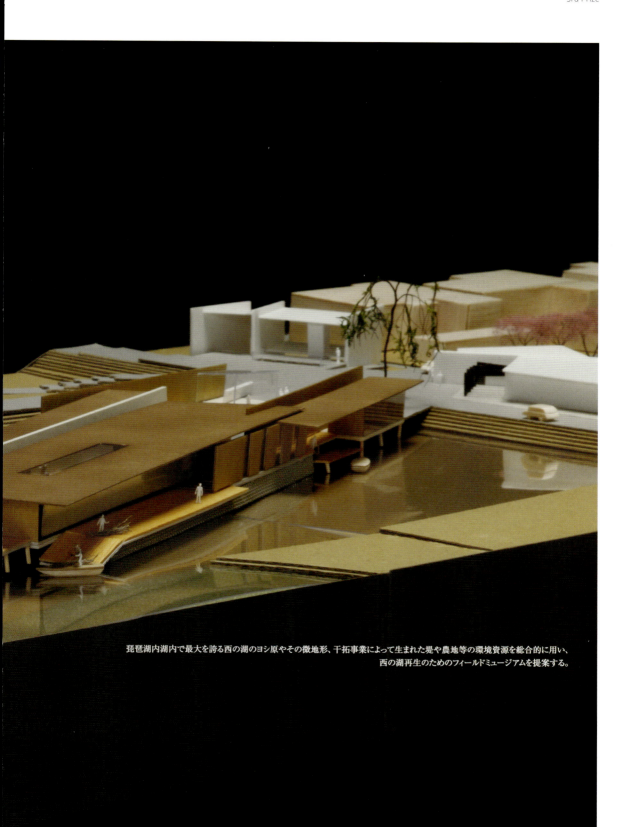

琵琶湖内湖内で最大を誇る西の湖のヨシ原やその微地形、干拓事業によって生まれた堤や農地等の環境資源を総合的に用い、西の湖再生のためのフィールドミュージアムを提案する。

湖水をわたる――西の湖再生のためのフィールドミュージアム｜浦田麻紀子｜奈良女子大学住環境学科

敷地

西の湖［滋賀県近江八幡市］
水深｜平均1.5m
面積｜222ha
植物約400種
鳥類約120種

全体配置図

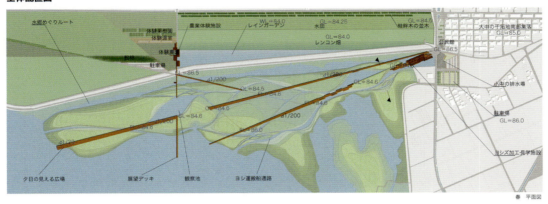

コンセプト

［3つの「わたる」］

1――農地｜四季をわたる

この地域の地質を利用し、レンコンの栽培をおこなう。農地の作物とヨシ原の四季の移ろいの風景が分断された農地とヨシ原をつなぐ。また、集落側から市民農園、レインガーデン、観光農園と配置し、市民と観光客が関わりをもつようゾーニングをおこなった。

2――デッキ｜時代をわたる

戦後、合理的につくられた農地のラインと、戦前から在る有機的なヨシ原のラインをつなぐ新しい軸を提案。琵琶湖―農地―ヨシ原―西の湖を人々が歩いてわたることのできるリニアなデッキを計画する。また、デッキに付随した2つの建築を設ける。
・ヨシズ加工所とギャラリー
・農業体験施設
これらの建築が農地とヨシ原への入り口となる。

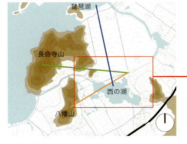 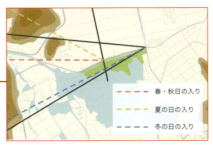

3――ヨシ原｜世代をわたる

干拓事業により、内湖の浄化機能を失ってしまったこの地域に、西の湖のヨシを利用した自然浄化の仕組みを計画する。また、ヨシ原の中に水路を切り込み、多様な生態系のエコトーンをつくった。そこに人々の動線をひきこむことで、生態系と人との関わりが生まれる。適度に人の手が加わることにより、この地は里湖として、何年もあり続ける。

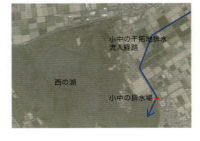 

主要施設

[農業体験施設]

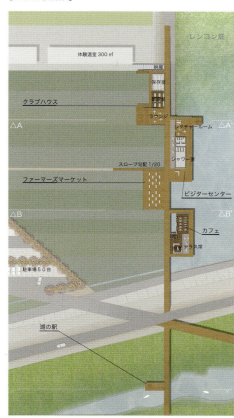

デッキをわたってヨシ原へと向かう

カフェよりマーケットを見る

ギャラリーから見えるヨシズ生産風景

ギャラリーから見えるヨシズ生産風景

[ヨシズ加工のギャラリー]

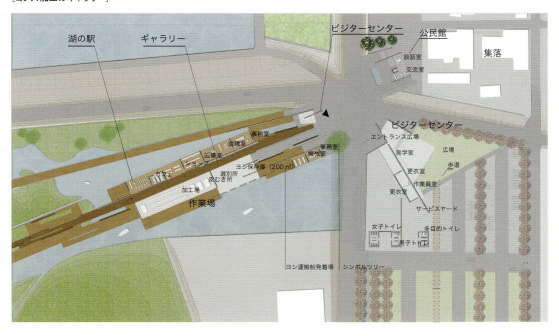

まちのオモテガワとウラガワ。知らない土地へおこなったとき、街のオモテガワを歩くことで目的地が明快になるが、
実際の旅の醍醐味はウラガワ的な場所が持つ、その土地独特の雰囲気や空気感である。
そんなウラガワ的要素と、それを隠すようにして建つオモテガワ的要素を併せ持つ奈良市の京終エリアに興味をもった。
無作為な開発や、空き家が目につく一方で、北部の中心部は旅行客の増加などで近年賑わいを見せている場所である。
街の奥にひとたび足を踏み入れると、意識的に道を選び、ランドマークのようなものが急激に意識される。
これらの感覚は「道幅」「建物ヴォリューム」「抜け」の主に3つの要素が関わることで認識されると考え、
それらの関係性をリサーチし、このまちに既に存在する点、線、面的要素を繋ぎ、
場所によっては補完するきっかけとなるような建築を設計する。

KADOCHI COMPLEX ── 交差点風景の形状特性を補完する建築空間の編集手法｜竹村優里佳｜近畿大学建築科

リサーチ｜写真リサーチにみるこの街のノーテーション

［A ── 空、ヴォリューム、道の3要素を抽出］
3つの要素で写真の色分けをおこなう。

- 空・ヴォイド・ヌケ：交差点から見えるまちの「なかみ」の一部
- 都市の稜線：角地の建築によって切り取られる形状が変化する
- 道路境界線：建物と道の境界
- 道：面的に連続していく道

［B ── まちの空間体験の地図］
写真によるリサーチをもとに、それぞれの要素を色分けしたものをマッピングする。

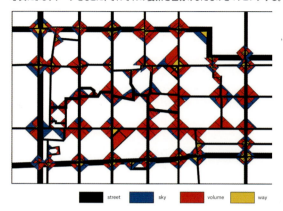

street / sky / volume / way

［C ──「視覚形状」にみる立面的空間の分析］
区画とボリュームの建ち方を検証する。ボリュームのエッジラインがどれだけずれているかを見ると、建物がどれだけのバッファゾーンを区画に対して設けながら建っているかがわかる。

要素：赤＋青＋黄

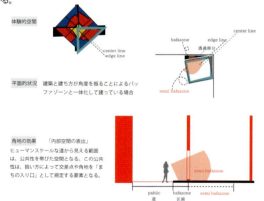

体験的空間 / center line / edge line / bafazone / edge line / center line / 透過部分
平面的状況　建築と建ち方が角度を振ることによるバッファゾーンと一体化して建っている場合　semi bafazone
角地の効果　「内部空間の表出」
ヒューマンスケールな道から見える範囲は、公共性を帯びた空間となる。この公共性は、扱い方によって交差点や角地を「まちの入り口」として規定する要素となる。
pablic 道 / bafazone 区画 / semi bafazone

［D ── 建ち方における断絶境界ダイアグラム］
各交差点における色の組み合わせパターンを、4方向の「道路、空、ボリューム」の比率によって類型化する。
これらの交差点の建ち方のリズムを読み取ることで、多様な境界の在り方が明確になる。

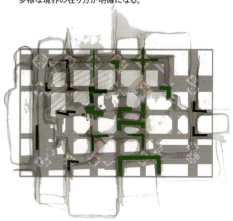

［E ── 人の居方ダイアグラム］
フィールドワークの結果、
［1］外部から訪れる旅行者によって循環する場所、
［2］居住の場所、［3］閑散としている場所、
［4］閉じた場所の4つの居方領域に整理をおこなった。

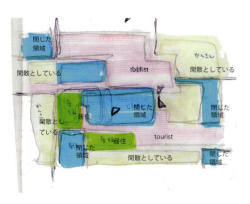

施設紹介

点として敷地を見るのではなく、マップをもとに場所ごとの関係性を線、もしくは面として捉えその交点を設計する。
ここではそれぞれの関係性の中でこの場所に連鎖していくような3つの設計案を提案する。

[設計1――自立支援マーケット]

現状1｜いっぱいに建つ建築が連続している。

現状2｜1つのみ異なる建ち方のためこの交差点は断絶的領域となり、領域を分断している。

現状3｜この場所を赤色の建築に反転させることでこの場所の路地性を高める。

[設計2――ツーリストセンター]

現状1｜駅付近から長く続く商店街が直前まであるため、そのながれで旅行者の訪れやすいポイントである。

現状2｜一方で、断絶的建ち方により、その賑わいはだんだんと南へ向かうにつれて感じられなくなってしまっている。

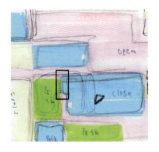

現状3｜上下に存在するオープンな領域をつなげるようなポイントにツーリストセンターを設計する。

[設計3――住民のための公民館]

現状1｜一定高さの建築、空の抜けがある場所が連続しているが、この一箇所のみ異なる建ち方をしている。

現状2｜断絶されたこの建ち方により、領域が3つに分断されている。

現状3｜この場所はツーリストなど外部の人が訪れる開かれた領域である。

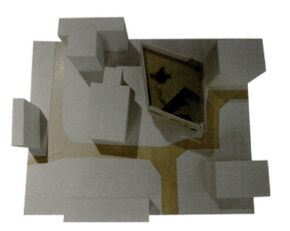

Finalist
尼崎再計画
ID004
天野直紀
Naoki Amano

京都大学建築学科

JR塚口駅前の森永工場跡地に集合住宅を設計する。
敷地周辺の施設、尼崎市が発行している市のマスタープランを参考にして、
この敷地に必要とされる小学校、図書館、劇場、緑地、広場をあわせもち、
敷地内である種の「都市」として完結する。
その施設の機能に応じて敷地内に配置し、
その機能のうえから人工地盤を重ねることで、
敷地に必要とされる施設と、
市のマスタープランにおいて要求されている
拠点となる緑地を同時に獲得する。

敷地

尼崎市は工業都市として発展したが現在多くの企業が撤退して、数多くの工場跡地が生まれつつある。また、近年市内での人口移動が活発に起こり、特に阪急沿線に多く世帯が移動している。敷地である森永工場跡地にも多くの住宅の需要が必要になると考えられる。

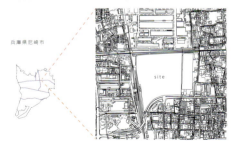

プログラム

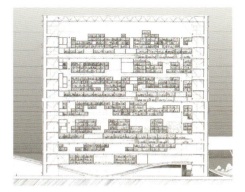

断面図

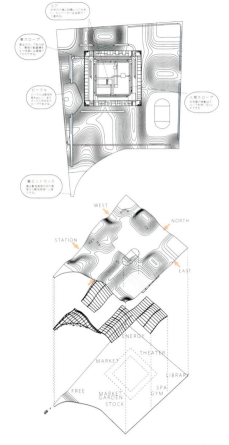

全体ドローイング

車エントランス見上げ
人口地盤の上だけではなくキャンティレバーでもちあがる人工地盤の下も地域の住人に対して解放された空間となる。

住居ユニット内部
住居ユニット内部は車、人の動線が交わらないよう周回するように配置され、そこで暮らす人々がお互いに暮らしを見守る。

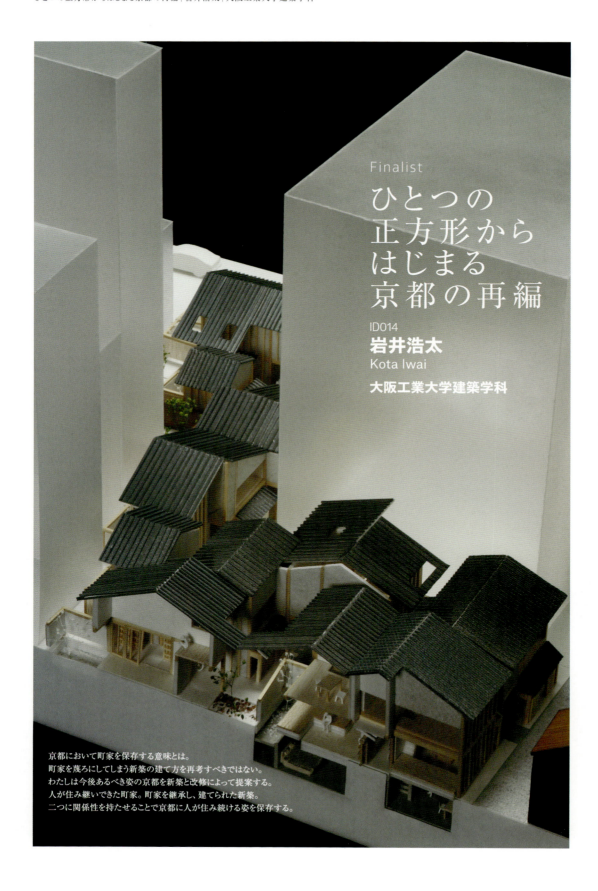

Finalist

ひとつの正方形からはじまる京都の再編

ID014
岩井浩太
Kota Iwai

大阪工業大学建築学科

京都において町家を保存する意味とは。
町家を蔑ろにしてしまう新築の建て方を再考すべきではない。
わたしは今後あるべき姿の京都を新築と改修によって提案する。
人が住み継いできた町家。町家を継承し、建てられた新築。
二つに関係性を持たせることで京都に人が住み続ける姿を保存する。

京都の町割りの変遷

両側町という町割りの関係性はモータリゼーションによって分断されてしまった。そこで、新たな町割りによって再編を図る。

両側町：応仁の乱後［江戸末期をあらわした洛中洛外図］

両側町：近代［明治45年に拡幅された四条通］

新釜座町

膏薬辻子を挟む新釜座町は、花灯篭をおこなうことや格子カバーを付けるワークショップを近隣の大学と合同でおこなうなどコミュニティの残る両側町である。

［1｜設計のルール］

現在の間口では、住民の関係が薄れている。幹線道路側に間口を持つ町家をプロットする。既存の路地を引き込むことで間口を逆転させる。新たな町割りを完成させるために、新築・建替えのルールを設ける。

［2｜住戸配置のルール］

町割りを継承し、風の通りを考える。切妻平入を継承し、当時の通り庭から路地が発展していく。坪庭を継承し、たまりの場となる共有の光庭を設ける。

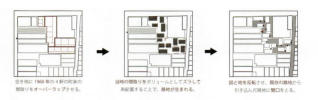

［3｜町家の構成を継承した立体的続き間住戸配置のルール］

地面レベルに間口を取りつつ高密化を担保するために町家の構成を立体的に立ち上げる。ニワとの関わり方が違う4つの住戸タイプを複合化させることで街とのつながりである路地を敷地に取り込む。

1階平面図

通りのファサード

内観

タマリニワ

幸福町児童養護施設｜上田満盛｜大阪市立大学建築学科

児童養護施設が持つ大きな談話スペース、図書や風呂といった共有スペースを公共施設が不足する門真市でまちに開く。
まちの人に施設の共有空間を利用してもらうことで、施設の子供たちは大人との生活シーンを共有し
まちの大人から社会生活を学び取れるのではないだろうか。

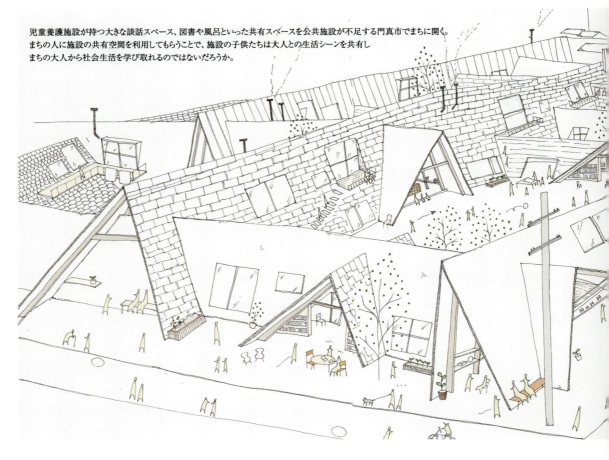

敷地・ダイアグラム

敷地は大阪府門真市、古川橋駅の北側に位置する旧第一小学校跡地である。敷地は北と西側を古い商店街と新しい商店街が隣接し、東側には寺院が存在する。また南側は古川橋のロータリーに接続する。また昭和58年に敷地内から多数の瓦・壺類が出土しており、弥生前期の集落・中世の寺院の存在が確認されている。現在から過去に至るまでこの地は人が集まる場所として存在してきた。

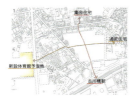   

まちの人の使用の契機を生み出すため、児童養護施設内の通り抜けの道から設計する。まちの人が通り抜けることで見守り効果が生まれる。

まちのコンテクストからゾーニングを決定する。文化住宅、商店街のウラに面する敷地北西部には生活共有ゾーン、東部は集会ゾーンを配置する。

ゾーニングしたそれぞれの要素を繋ぎ合わせるように、子供専用の空間を配置する。

図書空間、モノづくり、縁側空間を線上に編み込むように配置する。子供が専用の空間を飛び出す際にまちに開いた空間を通り、大人との間接的な接触を生み出す。

断面図

尾根を飛び越えるように子供部屋が続く。

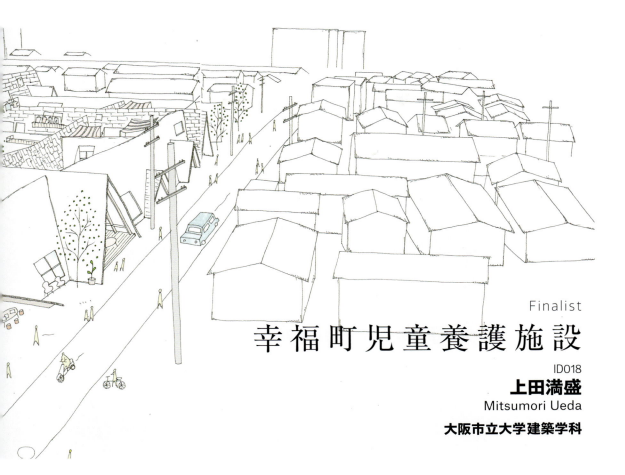

幸福町児童養護施設

ID018

上田満盛
Mitsumori Ueda

大阪市立大学建築学科

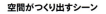
空間がつくり出すシーン

屋根が子供部屋を分節する

2階から共用空間をのぞく

原始的な空間体験を生む要素としての屋根による建築

Finalist
Media is Art.
ID031
小川亜紀穂
Akiho Ogawa

神戸大学建築学科

敷地

神戸市中央区新港突堤地区

ダイアグラム

まっすぐなチューブ

折れ曲がる。削れる。伸縮する。拡大縮小する。

生き物のように変容する。

様々な要素を持ちながら疾走していくメディア

人々が入り込み、追体験する

メッセージを蓄積し、変化を吸収しながら進み、発散していく。

プログラム

1つの要素を持ったチューブが、折れ曲がったところで他チューブと出会い、空間の大きさ、プログラム内容ともに変化する。メディアアートの鑑賞だけでなく、生み出し、学び、育てる場となり、人々が様々な出会いと変化を体験しながら、受信から交流発信することを狙う。

TUBE-I	TUBE-II	TUBE-III	TUBE-IV	TUBE-V
family	adult	sightseeing	student	artist
キッズランド	オフィス	ギャラリー	メディアアートスクール	アーティストインレジデンス

メディアの発達は、私たちの感覚、知識、そして生活をも大きく変えた。人々の「仲立ち」となり、豊かさを与え、広い世界を繋げる力を持った。しかし、私たちは便利で従順な「仲立ち」に頼りきってしまい、その膨大さゆえに混乱し、新たな衝突を生みだしている。見たいものだけ見て、信じたいものだけを選ぶ。そんな歪な社会の殻は壊さなければならない。画面では到底計り知れないほど、世界は広い。その世界と繋がる手段は、メディアとともに能動的に行動する私たち自身であり、受信と同時に発信する特徴を持つメディアアートを通して、世界と個人をつなぐ施設を計画する。

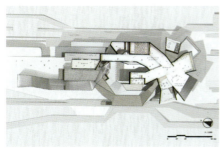

平面図

断面図

外観（エントランス）

半外部スペース

溶ける魚——集団的無意識を手掛かりに体験者にノン・フィニートの状態を示しながら「記憶の索引」や「未来への兆候」をもたらすもの

Finalist

溶ける魚
——集団的無意識を手掛かりに
体験者にノン・フィニートの状態を示しながら
「記憶の索引」や「未来への兆候」をもたらすもの

ID065
甲津多聞
Tamon Kozu

大阪芸術大学 建築学科

類推的作用

建築における類推（アナロジー）とは「建築を知覚する状況」によって記憶や過去に作用し、ある朧げなイメージ、直接に言い表せないものを呼び覚ますものである。

意識化の行為とは、対象の周囲にシンボルが集中的に集まって、様々な角度からその未知のものを言い換え、表現することである。

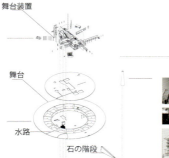

夢象徴における元型

夢の中のイメージには個人的な経験から引き出すことの出来ないものが含まれている。その存在は尤も原始的で、古代人から遺伝的に受け継がれる普遍的なイメージであった。ユングはこうしたイメージを「元型」と呼ぶ。

 円　完全性の象徴（ウロボロス）／子宮／起源の場所／母性の象徴／舞台

 塔　到達する目標の場所／成熟のための場所

 家型　原初性／広く共有された家のイメージ

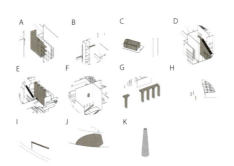

甲津多聞｜大阪芸術大学建築学科

ブルトンの『溶ける魚』を題材にその文中に記された象徴やシーンを夢の中に現れる"集団的無意識"の反映として受け止め、それらの織り成す世界をアナロジーを用いた手法により劇場として建築化することで、記号消費を促す現代において、喪失しつつある類推的効果を回帰できればと考えた試みである。

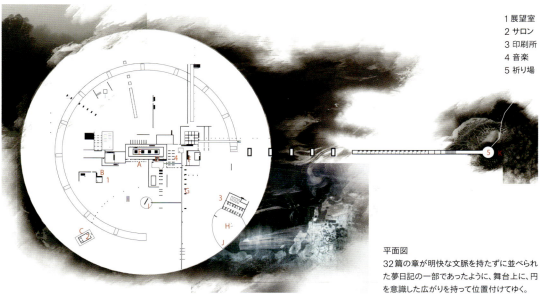

1 展望室
2 サロン
3 印刷所
4 音楽
5 祈り場

平面図
32篇の章が明快な文脈を持たずに並べられた夢日記の一部であったように、舞台上に、円を意識した広がりを持って位置付けてゆく。

Finalist

炭都再来
——地産地消のエネルギーによる場の再構築

ID088
竹川康平
Kohei Takegawa

神戸大学建築学科

福岡と熊本の境目にかつて日本一の出炭量を誇った炭鉱があった。歴史の積み重ねを今に伝える近代化産業遺産がある。石油の価格高騰や埋蔵量、原発問題。今までもこれからも社会はエネルギーと共にある。ここでエネルギーを見つめ直す。炭鉱と共にこの街は変化して、さまざまな問題を抱えつつも、近代的な設備や社宅など、炭鉱中心のコミュニティが形成されていた。エネルギー転換や海外からの安価な輸入炭に負けて閉山へと向かっていった。そこで街をつなぐ遊歩道と4つのエネルギー生産と消費の場を提案することで、産業遺産を保存するとともに、かつて炭鉱の中心であった場として再構築する2050年への提案。

宮浦坑　共同浴場×保育所　　　　　　　　宮原坑　文化ホール×教育施設

敷地

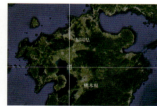  

所在地：福岡県大牟田市・熊本県荒尾市

福岡県と熊本県の県境に位置する三井三池炭鉱跡地。三池炭鉱の発展と共に激動の歴史を積み重ねてきた街。人口減少率・高齢化率が高く、2010年（平成22年）過疎地域に指定された。現在の人口はおよそ12万人で福岡県で5番目の地方都市。

抗口の位置づけ

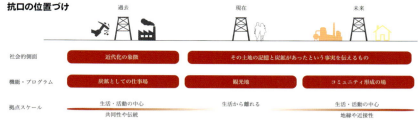

全体構成

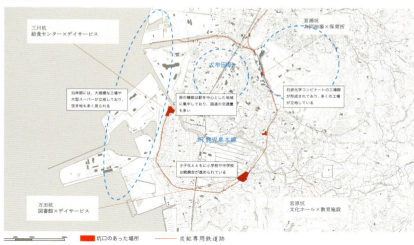

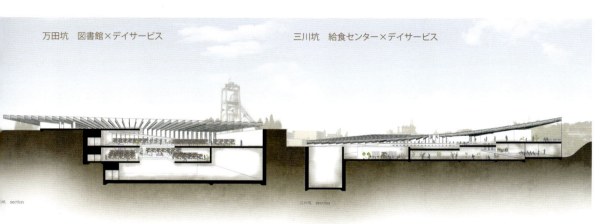

万田坑　図書館×デイサービス　　　三川坑　給食センター×デイサービス

Finalist

アートが変える瀬戸内の暮らし
──多度津駅再開発計画

渡邊詩織
Shiori Watanabe

京都建築大学校建築学科

穏やかな瀬戸内海に面し、古くから金比羅参りの玄関口として栄えてきた香川県多度津町。瀬戸内国際芸術祭の開催地に選ばれ港は活気づき渋滞が起こるほどの車が乗り入れたが、街の中心である駅に賑わいは見られない。そこで、この駅をひとつのアート作品であるかのように再開発することで人の流れを変え、町おこしの新たな可能性を探る。「瀬戸の夕凪」と呼ばれる風のない時間帯に力を借りて、天空の鏡を創り出す仕掛けを施す。季節や場所、時系列により刻一刻と変わりゆく風景のために人々はこの場所を目指すのだ。帰宅する地元住民と観光客が行き交う中で足を止め、彼らは「アート」と「瀬戸内」という場所をより密接に結びつけながら同じ時間を共有する。この再開発により、駅は今後もアートと寄り添いながら街の発展に貢献していく建築となるだろう。

多度津の街並みと駅

瀬戸内国際芸術祭会期中（2013年秋会期）の1ヶ月間で、高見島を訪れた人は約2.4万人。これは多度津町の人口に匹敵する程で、島民40人に対して約600倍の人が来島したことになる。1日あたりの来島者数は800人という計算になり、この数字から駅の規模を算出した。

ダイアグラム

［地上動線］　　［満水時の水面］

地域住民の動線は現在と大きく変えず、主に観光客に向けた施設を新設。大屋根下の空間はときに賑わい、ときに静まり、さまざまな表情を見せてくれる。

水量によって見せる風景や移動経路が変化する大屋根。その変動は気まぐれではあるが、満水時を想定した風景は滅多に見ることができない貴重な瞬間である。

［主要通路の可視化］　［ショートカット動線］

アイレベルで出口や建物の方向を把握しづらいが、主要通路上にかかる屋根を目印に進めば必ず出口へ辿り着くことができる。

季節や時間であらゆるパターンのルートが生まれる。天気の良い日には屋根のない通路を通って、移動距離を短縮したり回り道したりと利用者自身が選択できる。

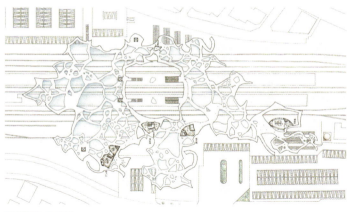

平面図 GL+7,000

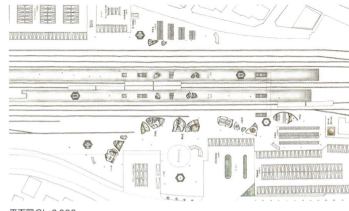

平面図 GL+2,000

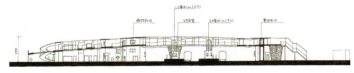

断面図

夕凪の風景

審査ドキュメント

[ファイナリスト]
天野直紀｜岩井浩太｜上田満盛｜浦田麻紀子｜小川亜希穂｜楠本鮎美｜甲津多聞｜杉森大起｜竹川優平｜竹村優里佳｜渡邊詩織
Naoki Amano｜Kota Iwai｜Mitsumori Ueda｜Makiko Urata｜Akiho Ogawa｜Ayumi Kusumoto｜Tamon Kozu｜Taiki Sugimori｜Kohei Takekawa｜Yukari Takemura｜Shiori Watanabe

[審査員]
佐々木葉二｜島田陽｜西沢立衛｜八束はじめ
Hajime Yatsuka｜Yohji Sasaki｜Ryue Nishizawa｜Yoh Shimada
司会＝松田達

Presentation
プレゼンテーション

尼崎再計画｜ID004｜天野直紀 [京都大学]

敷地は、兵庫県尼崎市のJR塚口駅前の森永工場の跡地です。現在、尼崎の阪急沿線は南から激しい人口移動が起こっており、集合住宅の需要があると考えました。この集合住宅は、街を縦方向に積み重ねるという考え方で設計しています。大スパンの構造を土地と見立て、そこに住宅ユニットが自然発生するかのように積み重なり都市を形成していきます。尼崎市のマスタープランで必要とされている周辺住民も利用できる施設が下層の人口地盤の中に入っています。さらにこの地域に広域避難所が必要とされている経緯もあり、自然公園としての役割を持たせています。また、同時に道路も持ち上げ、道路を利用して建物内部の各住戸に車でアクセスすることができます。現在は車でのアクセスを想定していますが、将来的には私が設計した乗り物を使い、敷地内と建築住宅内を自由に行き来することができるということを考えています。

八束はじめ [以下、八束]｜人口地盤に住宅を載せるプロジェクトはよく見ますが、このプロジェクトでは人口地盤と住宅の関係をどのように考えていますか？

天野｜人口地盤は、周辺の人々と、敷地内で暮らす人々のためのハイブリットな領域であると考えています。逆に上に載る住宅部分はプライベートな領域として、下の人口地盤とゆるくつながる関係を持たせています。

島田陽 [以下、島田]｜上の部分はマンションのスケルトンインフィルの巨大版のようなものと考えてよいでしょうか？　かなりスケールオーバーに見えますが。

天野｜都市的な建築を設計するということで、一辺120mの一般的な街区のサイズから建物のサイズを決定しました。スケールアウトしていることも、ケーススタディ的な側面だと考えていただければと思います。

佐々木葉 [以下、佐々木]｜オープンスペースに相当勾配がきつい斜面がありますが、どのような活用を期待していますか？

天野｜オープンスペースとしての人口地盤の下には、図書館や劇場など様々な施設が入っています。人工地盤の上は地域に解放しており、誰でも中に入ることができるようなものを考えています。

八束｜この集合住宅は、あなた自身が全部デザインするの？ こういうコンセプトだったら、丹下健三の東京計画のように住居そのもののデザインはしない方がいいと思いますが。

天野｜設計するにあたっては、まずは兵庫県尼崎市塚口町の住宅のデータを全て引用し、単身者の人数や高齢者率、駐車場数などのデータをプロットした結果、この形が導きだされました。まず何かしら形を出す必要があったのでモデルをつくりましたが、ここで暮らす人たちの手によってこの建築がどんどん変わっていくことが僕の夢です。

ひとつの正方形からはじまる京都の再編
ID014｜岩井浩太 [大阪工業大学]

近年精力的におこなわれている町家の改修ですが、機能を失えば町家の保存には至りません。私は町家を保存するための、新築の建て方を再考します。京都の町割りは時代を追うごとに間口とともに変化してきました。現在では両側町と呼ばれる道を中心として街路を挟んだ町割りが残されています。しかし間口における住民の関係は薄れてきています。そこで、幹線道路側に建つ町家をプロットし、そこに路地を通すことで間口を逆転させます。京都の中でも町家が古くから残る正方形街区を21区画ピックアップし、その中から新釜座町を敷地に設定しました。新釜座町には、綾小路通から四条通に抜ける路地があります。その北側にある空地を敷地として、周辺との関わりを持った低層高密度の集合住宅を提案します。

住戸配置のルールとしては、この空き地に4軒の1960年当時の町家の間取りをオーバーラップさせます。当時の間取りをボリュームとしてずらし、再編することで路地が生まれ

ます。図と地を反転させ、既存の路地から引き込んだ路地に間口を取ります。その際、既存の路地パターンを引き込んで、町家の構成を継承させ、当時庭があった場所に「たまり庭」を設計しています。敷地の向いにある長屋の路地にある祠を移設することで、住人が立ち寄りやすいきっかけをつくっています。

高密化を担保するために町家の構成を立体的に立ち上げます。異なる4つの住戸タイプを複合させることで、街のつながりである路地を敷地に取り込みます。そこで町家にあるミセという室を再解釈したセミリビングを設計しています。

人が住み継いできた街や空地を継承し、それらと新築の間に関係性を持たせることで、京都の街に人が住みついている姿を保存することが大事だと思っています。

島田 | 低層高密度ということですが、周囲の建物に比べてかなり低層で、居住性に心配があるように思いますがどう考えましたか。

岩井 | 京都を再編するための新築の建て方を考えました。将来的に、既存のマンションがすべて低層の建物に建て替えられることを想定しています。

八束 | 現状と比べて何がどうかわるのか。例えば密度が増えるとか防災上の話がクリアされたとか、そういうことはありますか？

岩井 | 一番には幹線道路側にある町家の間口を路地側に反転させることを目的としています。

八束 | 外向きのものを内向きに変えたというのはわかりますが、防災上は依然として問題がある。密度は上がってない。マンションを建てた方がいいと経済の論理を持ち出された時にはどう説得しますか？

岩井 | 現在京都の高層マンションには空室が多くなっていて、マンション建設自体が縮小しています。これからは空室だらけの高層マンションばかり建てるのではなく、人口密度にあった低層で低密度の集合住宅を建てる必要があると考えます。

佐々木 | どういう生業をしている人たちが住むの？

岩井 | 提案しているセミリビングという場所で、小物売りや簡単なカフェなどの商いをしたり、SOHOで仕事をしている人が住みます。

佐々木 | 庭の構成とオープンスペースのネットワークは非常に面白いが、他には何も新規性がないと思います。君の新規性が欲しかった。商いをすることで高齢者でも住めるという条件が、建築と庭との関係の中で組み合わさらないと京都の町家では住みにくいですよ。

岩井 | 町家の構成要素である15個の要素を分析し、ダイアグラム化、空間化しました。京都の街なみを自分なりに解釈し、構成を当てはめることに新規性があると考えています。

幸福町児童養護施設 | ID018 | **上田満盛** [大阪市立大学]

僕は児童養護施設を設計した。親の経済環境や、虐待などによって親と一緒に暮らせない子供たちが入所する場所です。まず、児童養護施設の現状として、子供の数に対して職員の数が大幅に足りないという問題や、入所する子供たちが親世代、おじいちゃん世代と一緒に暮らすことが出来ないという問題があります。

そうした背景をふまえ、児童養護施設を門真市の古川橋駅前に設計しました。古川橋には公共施設が少なく、また街の八割が二項道路によって構成されています。ここに、スケールアウトした屋根を用いて建築を構成します。屋根のひとつひとつに本棚の屋根、物づくりの屋根、子供が住む屋根というように、キャラを付けて折り合わせることで、街の空間と子供の空間をつくっていきます。一番大きい屋根を子供の住む屋根とし、それらを貫通するように小さな街の空間、図書や、物づくりなど、街の人が使える施設を配置します。子供たちが屋根を上ったり乗り越えたりすることで、自由にこの建築を使えるような提案をしています。また、折り合わせたその隙間に庭ができます。庭にもまた、子供専用の庭であったり、街の人が集まる庭など、色々なキャラ付けをすることによって、子供たちが選択的に色んな場所で過ごせるようになります。

島田｜使用者の区分はありますか？

上田｜区分はありますが、子供はその区分を越えることもできます。例えば大きい屋根に対して小さい屋根の開口があり、そこから子どもたちは大きな屋根の空間に入ることができます。

八束｜規模は何人分くらい？ それにしても大きくない？

上田｜60人です。大規模な園児養護施設になります。一般的な児童養護施設と同じような面積をとっています。

西沢立衛［以下、西沢］｜二項道路が多いと言っていましたが、そういった街の構造に合ったつくり方をしていますか？

上田｜内部空間が路地空間のような発見性にあふれていることが、模型を見てもらえばわかると思います。また周辺模型からもわかるように、街全体がすごく窮屈です。この建築における屋根の外側の空間がその窮屈さにあわせられています。

佐々木｜一般的にこういう二項道路の周辺については路地空間をうまく使うのですが、君はあえてグリットを使い均質なオープンスペースをつくっている。これはどういう意図ですか？

上田｜外の空間は均質に見えるかもしれませんが、中に入ると空間の変化を感じることができます。

佐々木｜最初はグリッドパターンを使っていてモダニズムから抜け切れていないのが残念だなと思い、点数を入れませんでした。でも君の説明を聞いて気が変わりました。大屋根をつくってそこに親のいない子供たちを生かすという発想。これはすごくいいと思う。

西沢｜グリッドを歪ませているのにはどんな意図がありますか。

上田｜平面方向も高さ方向も、完璧にまっすぐにしてしまうと気持ち悪かったので。

西沢｜街のつくりに合わせてやっているわけではない？ あくまで新しい形を入れるということね？

上田｜屋根の置き方は街からきています。また用途に関しては、敷地に面する部分で、その街の用途を引き込んでいます。

湖水をわたる──西の湖再生のためのフィールドミュージアム
ID021 ｜ 浦田麻紀子［奈良女子大学］

本設計では、滋賀県琵琶湖の内湖再生をテーマにランドスケープと建築の提案をおこないました。敷地は、滋賀県近江八幡市の「西の湖」です。西の湖周辺には、かつて他に3つの内湖が隣接していましたが、干拓され現在は西の湖のみが残っています。西の湖は現在、周辺内湖の干拓の影響を受け、水質汚染や農業の衰退、生態系の変化など様々な問題を抱えています。また、干拓の際に生じた干拓堤防が、かつてはつながりを持っていた琵琶湖から内湖、街を分断した状態となっています。

干拓堤防と県道が交わる交差点部分に、この地の生業であるヨシズ産業を持ち込み、ヨシズ産業とギャラリーを展開します。ヨシズ生産工場では、デッキに付随したリニアな壁を用いて諸施設を緩やかにつなぐことと、ヨシズ生産風景をシークエンスで見せることを意識し設計しました。ヨシズの中に進んでいくにつれて、水質浄化の機能を持った生態系のエコトーンを見ることができます。葦をわたるデッキの形状は、山や日の入りの軸を意識し設計しました。また、特に赤い軸は、かつての琵琶湖から西の湖、街へのつながりを意識したものです。この軸上には農業体験場を設計しました。高床式の建築を用いて、この地の地質を利用したレンコン畑とレインガーデンを提案しています。

佐々木｜琵琶湖は基本的に全体がレインガーデンですよね？ そこにあえてレインガーデンをつくるというのはどうでしょうか。この案は建築と生態系が非常にうまくセットされているのがすごくいいと思ったのですが、建築の平面があまり描かれていないのは残念ですね。

八束｜斜めに湖に出ているリニアな構造物はかなり長いと思うのですが、そこにヨシズ生産工場が入っているわけですよね？ そんなスケールの生産工場というのはリアリティがあるのですか？

浦田｜既存の工場のスケールを参考にしています。

島田｜ランドスケープの部分は面白いと思ったのですが、この軸が直線すぎる気がする。なぜこれほどズバッと一直線なのでしょうか？

浦田｜この有機的な曲線と、感覚によって生まれた合理的

な直線をつなぐものとして、新しい軸を使おうと思い、このようになりました。

西沢｜ヨシズ加工工場と農業体験施設を離しているのはどういう意味があるのですか？

浦田｜このヨシ全体を使って、フィールドミュージアムを展開したかったので、あえて2つを離しました。西の湖と琵琶湖をつなぐという意味合いも持たせたかったので、拠点は1つではなく2つではないかと考えました。

Media is Art | ID031 | 小川亜希穂 [神戸大学]

メディアの発達は私達の生活を豊かにしてくれました。しかしその一方で、私たちは便利で従順なメディアに頼り切ってしまい新たな衝突を生んでいます。メディアアートを通して、世界と個人がつながる施設を計画します。計画敷地は神戸市中央区新港突堤地区。かつて貿易で栄え、人、物と情報の交流拠点と言えるこの地にメディアアートを投入します。まず、疾走するまっすぐなチューブを置きます。それは人々の介入を受けて曲がったり削れたりと、生き物のように変化していきます。同時に空間も単体で狭いものから複合的で広いものに変わり、プログラムも自動的なものから、能動的で発信的なものに変わっていきます。チューブは5本、キッズランド、オフィス、ギャラリー、メディアアート・スクール、アーティスト・イン・レジデンスという機能を持たせ、それらが折れ曲がり、削れたりする部分で他のチューブと出会い交流が生まれていきます。入り口を進むと、始めはそれぞれ単体の機能を持っていた空間が結合していき、共同ラボラトリーやカフェなども現れ、機能も複合的になっていきます。さらに進むとインスタレーションルームやワークショップルームなどの大空間が広がり、最後には発信的なもの、ワークショップやパフォーマンスアートがおこなわれます。メディアアートを見られるだけではなく、知らない人を引き込み、学び育てるものとしてこの建築を計画します。

島田｜かなり複雑な、暴力的と言ってもいい形状ですが、この形態の生成原理があれば教えてください。

小川｜メディアアートという新しいものに対して、今までの建築では単純に箱が用意されてきたことに疑問を感じました。サウンドアートのための小さい空間から、パフォーマンスアートがおこなわれる広い空間まで、本当は様々な大きさの空間が必要とされていて、それぞれに鑑賞時間もまったく違います。それらを連続してつなげることができるようにチューブを採用しました。チューブを折り曲げることで、人やアートを結合する空間を目指しました。

八束｜それなら現代美術館で十分なのではないでしょうか？メディアアートは暗いスペースを要求するので、そんなに大きなものはあまり無い。現代アートなら大きな作品もあるのでこの巨大さも理解できますが、なぜメディアアートでないとダメだったのか？

小川｜まず人と人の交流を重視していました。他の人と体を動かしたりコミュニケーションをとることで広がるメディアアートをプログラムとして組み込もうと考えました。また学校や製作所など、様々な人や団体を巻き込みたかったので、このような巨大なものにしました。

西沢｜屋外空間に対する提案は何かありますか？

小川｜一番内側に中庭がありまして、中庭からはすべてのチューブが見えるようになっています。エントランスから入るとみえる中庭と最後のステージでは屋外イベントを計画しています。

佐々木｜神戸市から見たときのランドスケープとして考えたことはありますか？ どうもその配慮が欠けているような気がするのです。神戸市は突堤をできるだけ扁平にして、できるだけ海が見えるように努力している訳です。これをつくるのならよっぽど形がモニュメンタルで美しくないと。

小川｜中庭からはレベル差をなくしているので、前を向くと海は見えます。

佐々木｜せっかく突堤を使ったのだから突堤のメリットをこの建築の中に表現しないとね。敷地の内側でしか判断していない気がして残念です。

天涯に祈る──崩れと対峙する天涯の英雄祈念館
ID056 ｜ 楠本鮎美［立命館大学］

かつての砂防工事拠点跡に残された遺構を保護しながら、そこでの防災の歴史を発信するための祈念館を計画します。敷地は富山県の立山町です。ここは日本一の砂防地帯である立山カルデラが存在し、砂防工事に携わった多くの作業員の命が失われてきました。現在では、その土木や自然遺産を巡る体験学習がおこなわれています。この体験学習の中継基地となり、防災の歴史を発信するための祈念館を計画します。計画地は立山カルデラ内にある、かつての砂防工事拠点であった立山温泉跡地です。ここには主に5種類の遺構が残されています。かつての道を利用し、施設を巡るための動線とします。そして、力強い壁によって5つの遺構を分離し、周囲の自然環境を取り込むような配置とします。遺構に構造体を落とさないように吊り構造を採用し、突き出した建築にすることで、周辺の谷や森を建築に取り込みます。具体的には、遺構の上にプラネタリウムや、谷に突き出た宿泊施設があります。そして自然と遺構との関わり方から、かつての防災の歴史の流れに沿った展示空間を提案します。例えば森と一体化した展示空間では、幾度となく崩れる山の対峙を表す茨の道を演出したり、国有砂防工事の展示では、谷に突き出た展示空間で、かつて家族との唯一の連絡手段だった赤電話を身につけることによって、この場所が人里離れた天涯の街であることを感じられるようにします。そして最後に祈りの空間では、霊山立山に向けて、殉職された方々に祈りを捧げます。

八束 ｜ 吊り構造の屋根について説明してください。

楠本 ｜ 壁によって支えられているルーバーのような梁の集合体の屋根によって床を吊っています。

西沢 ｜ 遺跡を保護したい場合、上に建物はつくらないほうがいいと思うのですが、どうしてあえて遺跡の上につくるのですか？

楠本 ｜ 近くで遺構を感じたり、いろんな角度から遺構を見る空間をつくりたいと思いました。

西沢 ｜ その遺構というのは地面に基礎だけ残っている状態なのですね

楠本 ｜ はい。そこに構造体を落とさないために吊っています。また吊った床によって遺構は雨からも守られます。

佐々木 ｜ 一番大事な祈りの空間はパースしかないけど、どういう空間ですか？ 女の人が飛び石を歩いている絵もあるけど。

楠本 ｜ この石が参道として使われていた階段で、奥にあるのがもともと建てられていた亡くなった人の供養塔です。それを強調するために壁と屋根をつくり、光が山に落ちるように設計しました。

溶ける魚
──集団的無意識を手掛かりに体験者にノン・フィニートの状態を示しながら「記憶の索引」や「未来への徴候」をもたらすもの

ID065 ｜ 甲津多聞［大阪芸術大学］

今日の記号消費を促す社会において、あらゆるものは記号表現によって成り立っており、それと同時に「○○のような」という類推的作用は喪失しつつあります。このプロジェクトでは、人類全体が共有する事のできる普遍的な心である「集団的無意識」を手掛りに、類型的な夢の中の象徴から元型を得、それらを「類推的手法」を用いることにより劇場への建築化を試みました。集団的無意識とは多数に共有される無意識であり、夢などに現れ、直感的なイメージとして認識できます。題材に用いた「溶ける魚」は代表的なシュルレアリスム文学です。このテキストは、身近な記憶や意識では到達しえない無意識の世界を開く手法が用いられています。次に、集団的無意識の反映として受け止めた夢を示します。元型はこれらの夢の中に現れる象徴やシーンを利用します。その夢の一つとして、ユングが提唱した「大きな夢」というものがあります。その夢では、迷路や回廊、地下通路や地下室などが無意識の象徴であるとしています。そうした象徴から元型を示します。これらを直感的に用いるわけではなく、あくまで類推されるものとして建築を構築してゆきます。無意識の内に現れる1つのシンボルとして「円」を用いまし

た。円形劇場は古代よりある劇場の形式です。さらに、原初の完全性を表すウロボロスも円形をしています。舞台上での配置においても円を示唆させるように、中心性や回転、放射などを意識しました。塔もまた、人が到達する目的の場所の普遍的イメージとして夢に現れます。ですので風景の中で遠景で捉えられる存在として用いました。

ある精神科医は「世界は固定的な記号の集積ではなく、索引の余韻と徴候の予兆の明滅するところである」と述べます。そう述べられたように世界とは断定された記号表現によって構成されるのではなく、言明され得ぬものによる無意識への働きかけで「私」と「世界」とが溶合うようにあるのだと思います。その不可視の存在について建築が私に語りかけてきたことへの応答として設計を遂行しました。

八束｜劇場という言葉がありましたが、いわゆる劇場ではないよね？

甲津｜円環領域としての劇場です。世界劇場に例があるように、都市がある舞台になったりするような、メタファーとしての劇場を設計しました。

八束｜意地悪な質問をしますが、どういうクライアントが想定できるのかな？

甲津｜利用者についてはほとんど考えていないのですが、基本的に全人類を対象としていて、これを見た人が何か意識的ではなく、鳥瞰的なイメージとして、何かが捉えられるような構成にしようと思いました。

松田｜フランス、オルレアンの南に敷地は設定してありましたよね？

甲津｜具体的にどこに設計するということよりも、無意識の中の何かを表出できればいいと思いました。敷地はそれほど重要ではありません。

島田｜ブルトンを参照しているから仕方ないが、人類全体の夢だという割には、非常にローマ的な世界がつくられている理由は？

甲津｜原型を抽出している最中から、非常に古典的な建築言語で構成されるようなものになるだろうとは思っていました。が、ローマのような建築物を意識したつもりはありません。

佐々木｜ある1つの詩を中心に君の創造力をどんどん広げていくというやり方は、すごく面白いと思う。ただ、モノローグというものが具体的に君自身のモノローグで終わるのではなくて、君自身の内的構想力がどのようなものや風景を発見できたかということが大切です。ところが、どこかのローマ的なものの形態が、どんどん出てくる。君自身が発見した風景はどこにあるのか、という気がする。

甲津｜元型については僕自身の夢から抽出したのですが、夢において、そうして抽出された風景には、見覚えのあるものがありました。

道行きの闇（かどもり）

ID080｜**杉森大起**［立命館大学］

森林と都市の闊となる建築を提案しました。敷地は静岡県浜松市天竜区で、かつて火防の神を祀った秋葉神社があり、また林業の栄えた地域です。現在では信仰も林業自体も衰退しつつあり、ここに木材の製材所、大工の養成所、道の駅の複合施設を計画します。敷地に国道、川、参道の3本の軸があり、国道に対して道の駅、川に対して製材所と木工体験所、参道に対して宿泊施設と大工養成所のプログラムを配します。断面計画は、川周りは中スケール、参道周りは小スケール、山際は大スケールの空間構成となっています。観光動線に即して説明すると、国道を通る車が建築と木々の境界を抜けて、対岸には木場の世界が広がります。船で渡ると、木材の加工現場を身近に感じられる空間に辿りつき、参道ではヒューマンスケールで小さなボリュームが秋葉神社への参道や宿場町を演出します。クライマックスは、秋葉山の荘厳な道行の空間を体験し、秋葉神社へと赴きます。ランドスケープは、製材所や宿泊施設など、本来都市に対して大きなボリュームとなるものですが、屋根を分解することで風景をつくります。木材の乾燥工程を利用して空間を構成することで、建材になる前の木材そのものの魅力を体験できます。設計手法としてはグリッドシステムと

審査ドキュメント

日本人の持つ木材への独特の感性である幽玄を融合し、これからの木造建築のありかたとして提案しました。

八束｜屋根について説明をお願いします。水平の屋根じゃないといけなかったのかな？ 上から見ると水平の屋根がすごく印象的ですけど、目線の高さからはあまり見えないよね。

杉森｜屋根のモチーフとして木材の集積であるイカダを用いています。本来都市に対して大きなボリュームとなるはずの屋根を分解することで新しい風景をつくりたいと考えました。木材の持つ水平垂直性を用いて、そのカルテジアングリッドに則って、水平のルーフをかけ、風景を生み出しています。

島田｜プログラムは製材所と道の駅と宿泊施設ですか？

杉森｜大工養成所と製材所と道の駅です。林業で栄えている地域なのですが、その木々を都市へ出す製材所と、逆にその木々を管理するために、都市から人を呼びこみ大工として育てる大工養成所というプログラムです。

島田｜かなり騒音が出ると思うのですが、どう考えているのでしょうか？

杉森｜この街は木材の中継地として栄えていたので、街の音としてあってもいいと考えています。

西沢｜この山で切って、製材して川を使ってまちへ持っていくということですか？

杉森｜この山は林業の地域ではないのですが、かつて川ではイカダ流しなどがおこなわれていて、川上から流した木材をクレーンで引き揚げたりしていました。

佐々木｜地形の勾配を非常にうまく使っている。木材を使って木の街ということを徹底的に追究したことが成功していると思います。模型では建築は全部茶色系で塗っていますが、実際にもそうしたい？ 単なるイメージ？

杉森｜上に銅板を葺いて、その経年変化によってまた風景が変わっていくことを考えています。

―――――

炭都再来――地産地消のエネルギーによる場の再構築

ID088｜竹川康平[神戸大学]

かつての炭鉱の街で、未来のエネルギーと社会や環境にやさしい建築を提案します。石炭を生き返らせ、エネルギーと人々の生活のあり方の関係をとりむすぶ建築です。技術の観点から2050年に向けた提案とします。敷地は、福岡県と熊本県の県境にある三井三池炭鉱跡地です。日本の近代化の象徴として栄えた場所ですが、現在は観光地化によって成立しています。この街は、炭鉱と共に変化してきました。かつては炭鉱の入口がコミュニティーの中心となっていましたが、現在では人々の生活から離れてしまっています。そこでエネルギーの生産と消費の場として4つの拠点を提案し、それに寄り添うように三池炭鉱鉄道廃線を遊歩道として計画します。この4つの建築には鉄骨のフレームを使い、ひとつの大きな空間の中に様々なプログラムを入れて道に寄り添うようにしながら変化させ、連続する空間をつくりました。自然と人が参加するような空間を意図しました。プログラムは、それぞれの敷地から必要なものを読み取り決定しました。

西沢｜拠点が4つあるといいましたが、機能は何ですか？

竹川｜保育園と銭湯、住宅に近い所にはギャラリーと文化ホール、一番大きくて生活と密着している部分は、デイサービスセンターや図書館などです。現在、経営が困難になりつつあるものをプログラムとして入れています。

島田｜エネルギーの生産と消費というテーマで、今言ったのは消費だよね？ 生産は何があるのでしょうか？

竹川｜将来石炭のガス化や液化が実現可能になったとき、それによるエネルギー生産に必要になる分の容積を建築の深い部分に入れています。エネルギー生産の場が将来的にコンパクトになってきたときに、消費の場とも結びついていくのではないかという提案です。

佐々木｜ドイツの「エムシャーパーク」は知っていますよね？ あそこは近代遺産を子供の遊び場や、レクリエーションの場に変えているわけですが、君の場合はもう一度エネルギー生産の場にしようということですか？ 近代遺産として見るのではなくて、まだ未来遺産として使いたいという感じ？

竹川｜自分自身がここを訪れた時に、このまま観光地として

保存されて残っていく未来より、人に使われて賑わってほしいと思いました。

佐々木｜それにしても、炭鉱というのはいずれ廃れていくわけですよ。そういう中途半端な提案よりも、未来遺産としてどうするか、過去の遺産をどう評価するかをしっかり考えた方がいいですね。プランは面白いけど、ビジョンそのものが中途半端で、あらゆるところに目配りし過ぎなのが残念。

西沢｜炭鉱の入口におけるプログラムは、現代的な保育園などだけではなく、炭鉱の歴史や記憶と関係しているべきだと思うのですが、坑口を使う必然性は？

竹川｜最初に地産地消のエネルギーを消費する場として、かつてあった炭鉱の入口を再利用するところから考え始めたのですが……。

KADOCHI COMPLEX
——交差点風景の形状特性を補完する建築空間の編集手法

ID089｜竹村優里佳［近畿大学］

奈良駅から南側を卒業設計の敷地に選びました。この場所を探索している中で、まるで迷路を歩いているような楽しい感覚を覚えました。さらに、各交差点の角地が、それぞれの路地、迷路の入り口になっているように感じ、角地のリサーチを始めました。交差点62カ所に対して、同じ条件で写真を撮影しました。その写真から、ボリュームを赤色、道を黄色、空を青色に色分けして、その交差点に居た時の感覚がどのようなものなのか、図式化しようと考えました。またツーリストやそこに住んでいる人の居方についても観察し、そのダイアグラムから、建物がどのような領域をなしているかも観察しました。

以上から3つの建築を提案します。建物の内部空間を外に開いたり閉じたりした自立支援マーケットや、断裂された領域に対して角地を2つ使ったツーリストセンターなどです。この場所がより良くつながるように考えて、建築を設計しました。

島田｜交差点のリサーチから3つの建物にどうつながっているのか、いまひとつよくわからない。

竹村｜分析した角地空間の見え方から、それぞれの外の空間をどのように中に引き込むかというテーマが3つの建築すべてに共通しています。そのテーマのもと、外のような内の空間と空の風景や空の形を設計しています。

たとえばひとつ例をあげると、赤い領域（ボリューム）がつながっている中にひとつだけ青い領域（空）が入っているような場所で、青を赤に反転する操作を加えその場所の路地性を高める建築を設計しています。

佐々木｜街角のコーナー性の面白さはすごくわかる。壁を変形させているのはどういう意図ですか？

竹村｜この敷地ではとても長い商店街が手前まで来ていますが、そこでツーリストがストップしてしまっている現状があります。それをもう少し奥まで流すために、このツーリストセンター内の領域を出来るだけ道の方に出して、かつ建物の前のバッファゾーンもまた大切に扱うため、このようにゆがんだ壁になりました。

西沢｜交差点を重要なポイントとして考えるのは面白いと思います。ただ建築が交差点の個性を決める重要な手がかりと言っているわりに、提案した3つの建築が何となく似かよっているような気がする。交差点の場所の個性や歴史から、特徴が出てくることと対立しませんか？

竹村｜たとえばその隣の道や前に建っている建物など、周辺状況には違いがあり、そこは考慮した上で設計しています。

アートが変える瀬戸内のくらし——多度津駅再開発計画

ID166｜渡邊詩織［京都建築大学校］

街おこしの新たな可能性を探るため、アートに寄り添う駅の再開発をおこないました。水平線のない穏やかな瀬戸内海が私の原風景です。敷地の香川県多度津町は2013年秋、瀬戸内国際芸術祭の開催地として選ばれ、多くの観光客が島に渡りました。港周辺は渋滞が問題になるほどでしたが、一方で駅の周辺はいつもどおり閑散としていました。そのような経験から、駅から港までの地域をつなぐため

の建築を提案します。まず目をつけたのが、瀬戸の夕凪と呼ばれる現象です。海陸風の影響で無風状態になる時間を指すのですが、この風のない時間帯の力を借りて、天空の鏡をつくる仕掛けを施します。このストラクチャーは駅正面に向かってなだらかに下がっていて、ほぼすべてのガラスで雨水を受けます。主要通路とそれ以外では段差をつけていて、一部は勾配が付いているので、塩が満ちてくるかのように水が張られます。季節や場所、時系列によって、刻一刻と変わりゆく風景の為に人々はこの場所を目指すでしょう。帰宅する地元住民と観光客が行きかう中で足を止め、アートと瀬戸内という場所を密接に結び付けながら、同じ時間を共有する。この計画こそが街おこしを成功に導く鍵となるのです。

島田｜大屋根に水盤があって、雨が降ったらしばらく水が溜まり鏡になるということですか？

渡邊｜雨が溜まるという条件と瀬戸の夕凪の無風状態の条件が重なる一瞬しか、その風景は見ることができません。

佐々木｜君のプランで最後まで分からなかったのは、瀬戸内と雨の関係なのですよ。1年のうち雨が降る日数なんて少ないでしょ？雨が溜まった風景の変化をそれほど期待できますか？

渡邊｜夏は水不足が問題になるほど雨は少ないのです。だからこそ、貴重な雨が溜まる瞬間だと思います。そんな一瞬しか見ることのできない風景を大事にしました。

佐々木｜うーん、ちょっと無理があるね。地域性って大事だと思うのですよ。瀬戸内でしか無いようなアートを持ってこないと意味がない。そこに雨を必要とする風景を持ってくるというのは、ちょっと理解し難い。

西沢｜建築というよりアートに寄った効果を目指しているような感じがします。これは再開発じゃないですよね？

渡邊｜駅と港までの距離が離れているので、その間を歩いてもらうことで街自体が活性化するように、中心部である駅の再開発をおこないました。

佐々木｜これくらいのスケールでやるときには、アートそのものを使うのもいいけれども、主観的な考えに留まってはいけない。僕たちの世界では客観性と、その定着する社会性、そこまできちっとフォローされていないと相手を説得できません。またこれほどの規模になるとパブリックなスケールですから、パブリックに説得できないとダメ。だからアートに染まってはダメなのです。そこから脱却しないと。もう一歩乗り越えることが大事です。

Discussion
ディスカッション

松田｜それでは後半のディスカッションにうつります。まずは各先生から気になった作品へ質問をお願いします。

西沢｜特に興味を持ったのは、ID018上田満盛（大阪市立大学）さん、ID056楠本鮎美（立命館大学）さん、ID080杉森大起（立命館大学）さん、ID089竹村優里佳（近畿大学）さんです。プレゼンテーションを聞いてもこの4作品は興味深いと思いました。

松田｜西沢さんは最初ID004天野直紀（京都大学）さんにも3点入れておられましたが？

西沢｜模型の迫力があっていいと思ったのですが、話を聞いた結果大したことないなと。もうちょっと社会性があって、未来を感じさせてほしかった。借りてきたようなシステムでやってみました、という域を超えていない。車で上がれるメガストラクチャーとか、何となく全体的に古臭いかな。

八束｜ID031小川亜希穂（神戸大学）さん、楠本鮎美さん、ID065甲津多聞（大阪芸術大学）さんは最初から3点票を入れていましたが、プレゼンを聞いた結果、楠本鮎美さんが一番説得力がありました。他の2人は10年前の卒計でも出てきそうではあるのですが、造形力があったので3点を入れました。しかし話を聞いていると、やはり造形的な野心に比べてプログラムが積極的でないかなと。

島田｜まず全体の傾向としては産業遺跡や地方の産業振

興を扱ったものが非常に多い。産業遺産系は1つの勝ちパターンになっているので、あえて他のものに入れました。竹村さんの角地の提案、上田さんの児童養護施設を選びました。また、ID166渡邊詩織（京都建築大学校）さんの作品も目につきました。それから、天野さんの提案も、「僕が考えた乗り物」とも言っていたので、どれくらいリアリティを持ってやっているのかもう少し話を聞いてみたいと思いました。

佐々木｜ID014岩井浩太（京都建築大学校）さん、浦田さん、杉森さん、ID088竹川康平（神戸大学）さんに三点票を入れました。が、プレゼンを聞いて竹川康平さんはやめました。そしてその分を楠本さんに入れます。近代遺産ではあるけども、どちらかというと現在も進んでいる問題に対しての野心的な取り組みだと思います。浦田さんは建築内部について考えが足りていませんが、建築とランドスケープを組み合わせることをやっている。レインガーデンをうまく使い、エコロジカルシステムと建築をうまく結びつけた案だと思います。杉森さんは、説明を聞いてさらに森林と都市について丁寧に考えられていると思いました。

松田｜ありがとうございます。ファイナリストの皆さんから反論があればお願いします。

理想と現実の葛藤

—

天野｜尼崎はもともと工業都市として栄えた場所ですが、今ではどんどん工場がなくなっています。この提案も森永工場跡地に集合住宅を建てる計画ですが、将来的なビジョンとして、尼崎の工場がなくなった跡にこのようなストラクチャーをつくり、そこに集合住宅を入れて新たな都市をつくっていく。現在ではガスコージェネレーションシステムやCO_2を使った植物の栽培など、メタボリズムの時代ではできなかったことが技術的に可能になっていて、今もう一度このようなメガストラクチャーを設計することが、エネルギー的にも経済的にも効率的ではないかという考えで設計をしています。また60-70年代は、このようなメガストラクチャーが何百年と維持されることが夢見られていましたが、実際のところは朽ちていくわけです。人口減少にともない人が出て行き、最後は廃墟になってしまうという絵を描いたのがこの案になります。

佐々木｜やはり納得できない。建築とはそんなものではないと思う。あなたの理想案と社会との間にはもっとあいまいな葛藤があるはずです。メガストラクチャーになりすぎていて、実験室の中でやっているような感じ。それではアートですよ。建築ではない。尼崎には下町的な雰囲気があるわけです。そうした住まい方の作法そのものが君の設計の中に生まれてきているように見えない。建築はそういうところで悩まなくてはいけない。

八束｜メタボリズムの話が出てきたから発言しないわけにはいけませんね（笑）。佐々木さんの言ったこととは逆になるけど、そういうコンセプトでやるならこれでは小さすぎると思う。尼崎という人口が減っていく場所に100m四方というのは中途半端で、私の研究室では400m四方でやらせています。当然コンセプチュアルなものなのだけど、君の場合はコンセプチュアルでありながら妙に現実的なところが中途半端かな。

—

なぜグリッドなのか

—

上田｜屋根を使った理由ですが、僕は屋根が一番原始的な空間を生む建築要素だと考えています。アルプスの少女ハイジの部屋や、魔女の宅急便のキキの部屋のように、屋根裏部屋には空間が空間になる前のような原始的な魅力があると思います。そして屋根によって生み出される空間は、子供のための場所としてぴったりだと考えます。グリッドに関してはスタディの結果としか言えないのですが、やはりある程度グリッドを使ったほうが、街の人にとって使いやすい空間を確保できるのではと考えました。

西沢｜どの案もそうなのですが、良いと思える点と、うーんとなる点がある。この案の良い点は空間構成の面白さ、うーんとなるのはグリッドを使っているところです。子供のための空間なのであれば、むしろグリッドを壊すことができるような

空間の方がいいのではないかと思います。
それから街との関係も気になります。微妙に曲げて強烈なグリッドにならないようにしているけど、それでも周りの街とのギャップが気になる。使い方や街から考えていろんな問題が起こりそうに見えてしまう。
全部が屋根裏部屋というのもどうなのかな。子供は床下に潜ったり野山を駆け巡ったりするので、そうした子供の動きを取り入れれば屋根裏部屋もいいものになってくると思うのですが、全部がまっすぐな屋根裏だと、それこそ子供たちは病気にでもなってしまいそうです。
—

産業遺産か観光資源か
—

松田｜先ほど佐々木先生は、プレゼンを聞いて印象が変わったということで竹川さんの作品を減点されましたが、竹川さんそれについて何か反論はありますか？

佐々木｜テクノスケープの提案をしているようでいて、一方で未来のエネルギー資源の拠点に戻そうとも言っている。しかし負の遺産にどう対応するのかということがほとんど伝わってこない。君はどちらに力を入れているのか？

竹川｜提案としては未来のエネルギーを使うことに意識が向いていたのですが、一方で産業遺産を残すことを大切にしようとも考えていました。

佐々木｜そこが君の中で揺らいでいる。観光資源にすると言っても、もっと明快なスタイルを出さなければ観光資源にはなりませんよ。

西沢｜こういう場所なので地熱利用は当然可能だと思います。もともと炭鉱で栄えた場所でもあるので、そういう意味ではそれを再利用していくというのはいい考えだと思います。
しかし一方で、これまで長く続いてきた街の歴史や文化に対して、君自身の興味がすごく希薄であるように感じました。街の歴史が折り重なっていく歴史の厚みというよりは、何となく希望的に歴史を解釈しているように見える。未来に対して提案をしているのはすごくいいけれど、過去に対する理解が薄く感じられました。

八束｜おそらく外観には制約があるので、もっと内観をがんばってデザインしたらよかったかな。軍艦島も元は海底石炭の採掘場で、長崎から船でしか行けないにもかかわらず人が集まる場所になっています。この提案ではそこまで外観に吸引力はないと思うから、それに代わるプログラムや造形を緻密にしていけばよかった。
—

森林遺産をいかに活かすべきか
—

杉森｜戦後の植林政策で先人が未来のために植えてくれたものが、例えば広島の土砂災害のように、負の遺産と化している。そうした中で木材をもっと活かしていくことが重要だと考え、今回のような提案をしました。島田先生は森林という遺産についてどう思われますか？

島田｜今、卒業設計にとりくむ時にこうした問題を扱うことは誠実な態度だと思います。しかし今回のプレゼンからは森林との関係はあまり伝わってこなかった。どちらかというと観光がメインの産業振興になっているのかなと。木材について言えば、今の杉林は再生産すべきものなのでしょうか？

杉森｜再生産というよりも、使っていくことが必要です。そうしないと木々の密度が上がって、下の草に日が当たらなくなり、結果地盤がゆるんで土砂災害が起こる。自然災害だと捉えられていたものが実は人災として起きています。先人たちが僕たちのために残してくれたものが人災と化しているのはすごく悲しいと思います。

島田｜だとすればその杉をどう使っていくべきなのか。今は杉材の価格が暴落していて、売ることにメリットがないから産業として成り立たない状況ですよね。

杉森｜戦後にたくさん住宅をつくるようになって、小売業者が大量の木材を売るようになり、木材の価値が下がって林業従事者も減ってしまいました。しかし木材を一ヶ所で原木から製材、加工して出荷するという事業が岩手県や兵庫県では積極的におこなわれていて、僕の計画もそのような一

連の流れにあります。火の神様の元で育てられた木材を安く世の中に流そうとしています。

八束｜先ほど上田君は、ああいう勾配屋根の空間が子供のために良いという話をしましたね。あなたに屋根のことを聞いたら、木造ですから普通に考えたらピッチドルーフにするところをフラットルーフにしたという。彼の意見について君はどう考える？

杉森｜切妻の形式なども考えましたが、ここの敷地において考えると……。

八束｜あなたの今の林業についての考え方であれば、典型的な木材の使い方があってしかるべきという意見があっても不思議ではないよね。そこで特殊解で逃げちゃうのはどうだ？ と言われたらどう答えますか？

杉森｜僕にはやはりこの「いかだ」のような屋根が浮いているのが風景としてきれいに見えて……。特殊解と言われてしまうかもしれませんが、この地に建てるもののあり方としては、僕は自信を持って推します。

八束｜二人とも自信を持って自分の屋根がいいということですね（笑）。

メディアアートのスケール

小川｜形について少し補足したいと思います。プログラムと人の出会い方からこの形は生まれています。入り口からまずサウンドアートなどのための個室があって、進んですこし広い空間になったときに、隣の制作をする部分とぶつかり、お互いの様子が見えるよう設計しています。またチューブ間の関係でいうと、スクールと制作の場所は異なる活動をしています。それらが合わさる場として共同ラボラトリーという比較的大きな空間をつくり、その成果を発表するための場がその先にさらに広い空間をつくっています。

八束｜それは先ほどのプレゼンでわかっています。メディアアートと言った瞬間にこんなに大きなスケールにはならないのでは？ 僕は聞いたわけ。この規模はやはりやりすぎに思えて、先ほどの佐々木先生の景観的な批判もあったけど、モニュメンタルな形をやりたいと言う気持ちのほうが強かったのだろうなあと。僕はそういうのは嫌いじゃないから3票入れたけれど、もう少し説得力をつけないと他の人の票は入らないのではと思いました。

松田｜ありがとうございました。それでは投票に移りたいと思います。各審査員一人3票を投票していきたいと思います。

Vote
審査投票

松田｜それでは投票の集計結果が出ましたので、発表していきます。杉森さんが4票、楠本さんが3票、竹村さん2票の順で有力でしょうか。上田さん、浦田さん、小川さんが1票づつで続きます。

島田｜浦田さんの作品は冊子がついていて、リサーチをすごく濃密にやっているなと思いました。

八束｜2つに分かれていたけど、リニアな方だけに集中したほうがよかったのではないかな。もう1つのほうは造形的にも少し弱いと思いました。

あと竹村さんの作品について。落とすようなことを言うのは大変心苦しいのですが、あんなに角地をいっぱいやってどうするの？ と言うのと、それぞれの建築のデザインはイマイチかなと思う。それだったら小川さんに入れた票を浦田さんに取り替えて、並ばせてあげたいなと思います。

松田｜わかりました。それでは2票以上が4作品ということになりますね。上田さんは残っている中で唯一1票なのですが、入れられた島田先生応援はありますか？

島田｜上田さんと竹村さんにはあまり優劣がつけられないです。楠本さんと杉森さんどちらも非常に濃密で迷いましたが、先ほどの質疑を受けてかろうじて杉森さんに入れたという感じです。結果としてここに残った作品はいいセレクトになったなと思います。

同率三位 —— ID021 浦田、ID089 竹村

松田｜浦田さん、竹村さんは今2票ずつで並んでいますが、ぜひ何かアピールがあれば。

竹村｜角地をこんなにやらなくてもいいのでは、ということですが、角地すべてを設計しようと考えたわけではなく、これだけ広い場所の中で敷地を決める際に、街の連続性を考慮したいと思いリサーチをおこないました。

八束｜連続性というのなら間はどうするの？ 角地じゃないところは。

竹村｜周りが計画道路で囲まれているので、その内側に幅員の小さな路地のような道が多くあります。歩いている感覚として、角地の形や交差点のイメージが連続して残っていくような場所だと感じました。

松田｜浦田さんはどうでしょうか？

浦田｜2つ建築を設けたのは、農地とヨシ原への入口と出口というように考えたためです。まずよしず産業の場を通って、ヨシ原を抜け、農地にいたる通り道を考えています。農地側の建築については、造形が弱いとも言われましたが、全体のエコトーンをさらにフラクタルに、土地の魅力を強調するために建築はシンプルにしました。

佐々木｜ちょっと応援をしたいのですが、直線に伸びるのは伸びすぎじゃないかと言う意見もあったけど、ヨシというのはものすごく背が高くなるよね？ 人間の背丈の2倍ほどにも高くなる。だからこれはまっすぐ行かないと危ない。曲がってしまうと人はもう行きたくなくなる。まっすぐであるからこそ、人工的なものとランドスケープとが非常にうまく調和しているのです。

島田｜形態がどう決まっているのかわからないのだけど、ヨシの産業と建築形態に関係はありますか？

浦田｜ヨシを利用した建築部材を利用しています。例えばヨシを練りこんだ白壁を利用し、屋根の隙間から光が入ってくる。その下を人が歩きます。

八束｜形態とヨシは直接関係ないよね？ 形態については軸がつくりたかったとプレゼンで言っていたよね？

浦田｜はい。軸を取り入れて、それに付随した形で緩やかにつなごうと思いました。

八束｜だから、島田さんはその軸がどうなの？ と言っていて、僕と佐々木さんは、それはそれでいいのでは？ と言っているわけです。

松田｜現在3位が同率2票ずつで並んでいますが、浦田さんか竹村さんかどちらを3位にするか、まず決めていただきたいと思います。

西沢｜浦田さんの作品について、交差点を囲むようにつくっている建築の中身は何ですか？ 交差点をつくるという意図もある？

浦田｜交差点をつなぐという意図で、集落側にある公民館を移設しています。またヨシ原の自然浄化を利用するために、小中にある干拓地の浄水場をこちらに移設して、ここからヨシ原を介して西の湖に水を流します。

松田｜このまま先生方のご意見が変わらないとなると、浦田さんは最初の選考で全員から票を入れられているので、こちらのほうが点数は高くなるのですが……

西沢｜僕はどちらでもいいなと（笑）。どちらも良い部分もあればもう一歩というところもある。浦田さんは建築が2つだと思っていたら4つということで、余計になんでその4つなのかなあと思うのと、自然の中にこんなヘビーな建築が置かれているのが僕としてはどうしてなのかなと。ただ計画全体としてはすごくさわやかなイメージがあって、すばらしいなと思います。もう1つの竹村さんは、全体のプレゼンテーションのクオリティがいいなと思っているのですが、建築の開き方というところで街の個性とか歴史性につながったものにはいまひとつ見えない。むしろ街のリサーチの結果を裏切る答えになってはいないかと感じます。ただ、考え方に魅力は感じています。

島田｜どれも完成度が高いので全部推したいのですが、なかでも竹村さんは難しいことにチャレンジしていると思いま

す。それもあってその結果は誰もが納得するようなものにはなかなかならないのでしょう。

―
一位二位────ID056楠本、ID080杉森
―

松田｜両方とも3位でよいでしょうか？ 時間もありませんので、1位2位について議論していただこうと思います。楠本さんか、杉森さんか。

佐々木｜僕は杉森さんを推したいですね。というのも、一番リアリティがある。どちらかと言うと楠本さんはリアリティが少ない、1つの理想案ですね。社会性に対する問いかけが強い杉森さんを推したいです。

八束｜僕はどちらかであれば楠本さんを推すね。杉森さんは面白いのだけど、森林だからって簡単に木材をいれちゃうのはちょっとイヤだな。それとパースを見るとあの柱だけすごくモニュメンタルなものに見えるのが、ちょっとスケールオーバーかなと。楠本さんのパースも明らかにスケールオーバーなんですけど（笑）。

西沢｜どちらも、一長一短ですね（笑）。杉森さんは良い点は今挙がったとおりで、逆にどうだろうと思うのは木材をテーマにしている割には構法に対する関心がないように思う。屋根をバラバラにすることで梁はかなり大変なことになるだろうし。八束さんも言っていましたが、まるで柱と屋根を分けて考えているような印象です。

楠本さんは建築を上におくことが疑問だったのですが、あれは地形の保存のためということでいいのでしょうか？ トルコのエフェソスという街には、遺跡に大屋根をかけて保存するとともに、空中ブリッジもかけて歩けたり、それを使って遺跡の床の修復もできるという建築があります。雨風をよけるためにかける屋根が、ブリッジの位置によって形を変えていくという、ダイナミックでおもしろい建築です。それを見た上でこの作品を見ると、本当にこれで十分に雨風を防げるのか疑問に思います。僕からすると上に吊るす一番大きい理由は遺構の保存で、その論理から出てくる建築の形としてはこれでは不十分だと思います。

楠本｜吊っているのは遺構の保存のためだけではなく、周辺の地形を建築で取り込んで物語をつくるためで、一つひとつの空間に意味があります。

杉森｜この地域だからこそとれる百年級の木材を使った、こうした昔の列柱空間を思わせる参道が、今の木造でできる最高の空間ではないかと思っています。構法に関してはグリッドフレームといった小さなボックスの集積で屋根を支えており、そのボックスのかみ合いで屋根のずれをつくり、仕口の構法も考えています。

松田｜ありがとうございました。それでは最後にどちらを1位にするか挙手をお願いします。

楠本さんが今回のDiploma×KYOTO'15の最優秀賞にふさわしいと思われる方？──八束先生。杉森くんがふさわしいと思われる方？──西沢先生、佐々木先生、島田先生。ということで、杉森さんの「道行の閣（かどもり）」が1位に決まりました。2位は楠本さんの「天涯に祈る」。3位は同率で2作品、浦田さんの「湖水をわたる」と、竹村さんの「KADOCHI COMPLEX」。受賞者のみなさん、おめでとうございます。

座談会 均質化と多様化の狭間

佐々木葉二×島田陽×西沢立衛×八束はじめ×松田達
Hajime Yatsuka | Yohji Sasaki | Ryue Nishizawa | Yoh Shimada | Tatsu Matsuda

松田達[以下、松田]｜今日を振りかえると、多分半分くらいが建築メインの作品で、半分くらいは都市的でまちづくりの要素が入っている。どういう作品があったかを整理する中で、先生方から、意見を出していただければと思います。ここに無い作品もふまえ、全体的に見られてここ数年と比べた時の今年の特徴みたいなものは感じられましたか。
まず、甲津くんの作品はかなり個人的な提案ですね。

八束はじめ[以下、八束]｜個人的過ぎますが、好きなタイプの作品です。

佐々木葉二[以下、佐々木]｜例年は都心部での商業施設の作品がありますが、今年は無いですね。

島田陽[以下、島田]｜基本的に地方、農村の振興を主題としたものが非常に多い。魅力的な雰囲気もつくりやすいですし。学生の興味もそちらを向いているのでしょう。

松田｜大きな建築は減ってきましたね。

島田｜10作品選んでほぼ半分が地方の産業を再生するという話だったことに若干の危惧を覚えます。

八束｜私も個人的にはあまり良い傾向とは思わないですが、地方に行って、そこの生活や産業にフィットした景観をつくるというのは当然あると思う。だけど、それが主流になるというのは……。佐々木先生がおっしゃっていましたが、卒業設計は野心的でいいのではないかと思います。30年、40年前に比べたら野心的じゃない。アメリカやイギリスのディプロマの展覧会はもっと野心的ですね。それがいいかどうかは別としてですが。グローバリゼーションが進んで日本の建築家も海外に出て行っているにもかかわらず、学生がすごい内向きなのはちょっと気になります。

地域的傾向と時代的傾向

松田｜八束先生は、卒業設計展が乱立することによって地域差が無くなるのではと以前お話されていましたが、今回ご覧になられていかがでしたか。

八束｜この2つ（杉森作品、楠木作品）は完全に立命館大学カラーだよね。

松田｜その2つは非常に似ていますね。それが1位、2位ということでいいのかとも思いましたが……。

西沢立衛[以下、西沢]｜票があれだけ集まったからね。

佐々木｜関西と言っても滋賀や奈良、京都では文化が全然異なっていますからね。

松田｜その時に、大学による表現の違いはどのあたりにあるのでしょうか？

佐々木｜例えば、滋賀県立大学の学生は、必ずといっていいほど琵琶湖を敷地に選びます。琵琶湖の生態系と集落がテーマになります。神戸大学はやはり神戸港なんですよ。神戸の港をどう活用するかといった感じです。奈良が面白いのは平城京時代からずっと続いてきた条里制という歴史遺産をどのように活用していくかというランドスケープアーバニズムの提案になる。

松田｜確かに地域差がありますね。

佐々木｜滋賀県立大学は授業で森林の研修を1週間おこないます。そこで樹木の育て方を教わることで、建築の学生が急に森林生態学の専門家になってしまう。今度はそこから建築に戻そうと試みる感じがおもしろかったですね。

島田｜一方で、神戸大学は野心的な身振りの大きな作品が目立ちましたね。

佐々木｜やっぱり学生というのは教えている先生の影響を受けるものなのでしょうか。

八束｜欧米はもっと極端ですよ。ドローイングのスタイルまで師匠の真似をしないと追い出される。それが良い教員なのです。

島田｜卒業設計展が乱立してその評価軸が相対化され学校のカラーが無くなるのではないかと危惧していたのですが、意外とそんなことないんだなと。

松田｜均質化はそれほどおこっていない気がします。均質化と多様化が相互に起こっている感じがするので、はっきりしたことはわからないですけど。

選考基準 ── リサーチ・コンテクスト・ロジック
─

松田 | 今日を振りかえって先生方の選考基準があればうかがいたいのですが。

島田 | 僕の場合は、提案の前のリサーチがそれだけで終わっていないかどうかです。リサーチが面白くて、それが何らかの形で表現に結びついているのが良いと思っています。リサーチが形態に昇華されていないものはあまり面白くなかった。岩井くんの町家の作品もリサーチは面白かったけど、それがもう少し形に繋がればという感じでした。

松田 | 確かに珍しくリサーチと設計が繋がった作品だと思いました。個人的にも興味はあったんですけど。ただ連続性がないというところがポイントとしては厳しかった。

八束 | 卒業設計だから。その両方を要求するのはかなり大変ですね。ただ、最近の傾向として「私が好きだからいい」というものが選ばれることが多いけれど、そうじゃなかったのは良かった。

佐々木 | 僕は形態だけで勝負しているものは一切外そうと思いました。むしろプログラムやソフト、つまり土地の文脈をどれだけ読んでいるかに着目しました。

松田 | 評価軸という言葉は軸というと単一になりがちですので、僕はあまり使いたくないのですが、もし西沢先生が今回振り返ってよかったというところがあれば教えていただけますか?

西沢 | まず推したものが残らなかったので……。コンテクストのリサーチだけに収まらず、建築物だけで考えているか、文化への深い理解に立脚してやっているかはすごい違いですね。

八束 | 僕は基本的に感覚だけではなくロジックがあるか。そのロジックが必ずしもコンテクストでなくても、仮説的なものでも構わないと思っている。実験的ないし野心的なものであってほしいと思っていました。

佐々木 | 基本的に、卒業設計は自分で設定をつくるので、そのレベルで見え方がまったく違うんですよ。最初に高いレベルをどう設定するかで行き着くところがまったく違う。形のテクニックの上手い下手のハードルはそれほど高くない。むしろ地域に入っていくと、設定の段階でものすごくハードルが高いですから。

八束 | 天野さんの作品はメガストラクチャーのシステムの提案ですが、小川さんの案はやっぱり基本的な形のコンポジションではないでしょうか。それを彼女はチューブの組み合わせがいかにファンクションから来ているのかということを一生懸命説明したわけです。

佐々木 | 八束先生が仰っているロジックというのは論理的な言説の整合性ということですか?

八束 | それが実際的な実現可能性があるという必要は無

1位と2位を分けたもの

松田｜最後投票で3:1になった時に、八束先生だけが、楠本さんを推されたんですよね。その話をもう少し聞かせてください。

八束｜英雄信仰という話がおもしろいかなと。

松田｜テーマの設定ですね。

八束｜それから建物の詰めは両方ともそれなりです。両方スケールアウトしていて屋根のシステムも疑問がある。杉森くんはあまりにも自信たっぷりでしたが、彼女の自信なさげなところが僕はいいかなと。

島田｜慰霊のための記念施設と、生産も踏まえた地域施設。後者のほうが難しいことにトライしている気もする。

八束｜たしかに地下に埋めた慰霊のための空間はずいと思いますが。

佐々木｜最後の祈りの空間は少し安直だと思いました。

松田｜そもそも減点法で考えたときに、バランスがとれていて落とせないというのが残った原因のひとつです。僕は作品に関しては司会の立場で見ていましたが、杉森くんの方が空間がしっかりとプレゼンテーションされていて、楠本さんの方はメインパースがこんな大空間でいいのかというのがずっと心に残っていました。杉森くんの方がいろいろな面でリアリティがありますね。

八束｜完成度は高いです。

松田｜その完成度の違いが大きかった。それゆえに何か明確な理由があって1位とするのは極めて難しい状況だったというのがひとつの結論だと思います。

卒業設計とは何か？

島田｜卒業設計はこれまでの課題とは違い、自分で問題をつくって答えを出す初めての課題です。どういう問題を自分に課すか、できるだけ遠くにボールを投げることが大事だと思っています。失敗してもいいと思うんですよね。卒業設計において評価なんてどうでもよくて、自分がどう将来の課題を見つけたかということだと思います。そしてその遠くま

八束はじめ

佐々木葉二

西沢立衛

で飛ばしたボールを無様でもいいから何とか取ってほしいと感じています。

八束 | さっき野心的であってほしいと言ったけれど、みんなそんなに遠くにボールを投げてない。やはり卒業設計の雌伏時代なのかな。いつまでこれが続くのかという気がしますね。かつてはもっと元気がよく野心的であったわけじゃないですか。野心的であることが、もはや時代遅れみたいな見られ方をしているのはどうなんだろうと思いますね。そこはどこかで風穴が開くといいなと思います。今回はそこまではいかなかった。ただ危惧していたような詰めのない、骨格だけのものもなかったのでよかったです。

佐々木 | 卒業設計というのは何年経っても忘れられない。それから、卒業設計そのものはその人の人生の、もちろん建築家にとってずっと続く原型なんです。ですから、中途半端な課題をやってしまったら、人生を変えてしまうくらい大事なことです。自分の一生をかけてもいいくらい野心があるものを提案してほしいと思います。

西沢 | もう少し時間をかけて向き合うと、普通の課題とは質的に違うものになってくると思います。時間をかけてやるということが、個性を生み出すことにつながってくる。けれども、卒業設計を話の種になるようにやっている。短期課題化していると思います。もっと時間をかけてやると質的に変わるんですよね。

松田 | 最後11作品集まった段階からのことを少し振り返ると、結果として観念的な作品から都市的な作品までバラエティがあったのは良かったと思います。それがないと最後の議論は盛り上がらなかったので。島田先生が仰っていましたが、今年の結果から見ると、1位2位で似たような傾向のものが残ってしまった。それは、次年度以降に対して本当にそれでよかったのかどうか考える必要があるでしょう。他の作品も決して悪いわけではないので、それを次年度以降に投げかけるのがよいと思いました。今年も、大屋根の作品やメガストラクチャーを用いたもの、チューブの作品など、野心をともなった作品はあったと思いますが、それらが残らなかったのには何か理由があるのではないでしょうか。それについては次年度以降学生たちが議論を続けていくと良いと思います。

島田陽

松田達

Diploma×KYOTO'15
京都建築学生之会合同卒業設計展
[DAY1 審査会カタログ]

2016年1月10日初版発行

［企画・編集］
株式会社 総合資格 出版局（片岡繁、新垣宜樹、梶田悠月）
—
［編集・制作］
川勝真一
和田隆介
—
［編集協力］
京都建築学生之会 2015 書籍班
—
［デザイン］
西村祐一/rimishuna
—
［撮影］
瀧本加奈子

京都建築学生之会合同卒業設計展アーカイブ

Archive'15 Contents

066 ［総評］
評価軸批判──エビデンシャリズムを突破する「野心」
Diploma×KYOTO'15の結果が示唆するもの
松田達
──

068 **出展作品紹介**
──

100 **学生座談会**
──

102 **会を終えて**
清山陽平［Diploma×KYOTO'15書籍班班長］

[Diploma KYOTO '15 総評]

評価軸批判 —— エビデンシャリズムを突破する「野心」
Diploma×KYOTO'15の結果が示唆するもの

松田達
Tatsu Matsuda

Diploma×KYOTO'15のゲラが送られてきた。エディトリアル・デザインも素敵だ。しかしこの3日間の力のこもったイベントの背後には、運営する京都建築学生之会の皆さんの、多くの苦労と努力があったはずだ。僕はその現場の一部を、自分も当事者の一人となりながら、学生の皆さんと一緒にドタバタしながら触れさせて頂いた。とても楽しい時間でした。本当にありがとう。

「野心」というキーワード

さて、Diploma×KYOTO'15は、個人的にも強く記憶に残るイベントだった。このイベントが示唆することは、いま全国の建築学生のあいだを、もしかしたら強迫観念的に取り巻いているかもしれない状況に対する、ひとつの突破口ではなかったかと思う。総評する機会を頂いたので、イベントを振り返りながら、そのことについて触れてみたい。

まず今回のDiploma×KYOTOのキーワードは何であったのか? 昨年のキーワードが「評価軸」であったのに対し、今年のそれを示してほしいというのが、この原稿に求められた内容のひとつであるらしい。その答えは、明快——「野心」である。「アンビシャス」(野心的)という言葉で置き換えてもよい。1日目終了後の座談会における4人の審査員の言葉は、この一点で重なっていると言えよう。八束はじめさんは「卒業設計は野心的であっていい」と、島田陽さんは「できるだけ遠くにボールを投げることが大事だ」と、佐々木葉二さんは「自分の一生をかけてもいいくらいの野心があるものを提案してほしい」と、西沢立衛さんは「もっと時間をかけてやると質的に変わる」と、それぞれ語った。このことは、今回の審査結果の裏返しでもある。ワンツーフィニッシュとなった立命館大学の2作品は、いずれも完成度が高かった。一方、複数の評価軸に照らしあわせてみた時に、どの軸でも点数が高く、減点法だと減点しにくい作品でもあった。逆説的にこのことが、審査における「評価軸」方法の限界を示していたともいえるだろう。

「評価軸」なんていう言葉が、建築学生のあいだで何故かテーマになり始めたのは、近年のことだ。少なくとも筆者が学生の頃は——そもそも合同講評会自体が珍しかったけれども——審査というのは審査員という「人が」おこなうもので、「評価軸で」おこなうものではないというのは、ほぼ共有された理解だった。でも、いまの学生はそこに「エビデンス」を求める。何故この案が評価され、この案が評価されないのか、説明がほしいのだ。昨年もその話が出たようで、豊川斎赫はそこに触れた文章を寄せた[*1]。磯崎新をひきながら、評価軸なんて審査員の「直観」的な判断の後に事後的に見いだされるもので、結局は審査員が根拠なく話しているように見える言葉が、実は評価軸そのものなんだと。それよりむしろ、審査員に評価されず、既存の評価軸に乗ってこないものにこそ、真に革新的な作品が残っている可能性があるのだと。

審査が公開されることで、長期的には見ている側が、つまり「歴史」が審査員を審査することになり、磯崎のいう判断の「超越的基準」に、漸近的には近づいていくだろう。しかし、漸近的に近づくということは、決して「超越的基準」には到達しないということである。

アンチ・エビデンスと
アンチ評価軸

ところで、この評価軸をめぐる問いは、2000年代後半以後における「エビデンス問題」として考えていくと、より興味深い。千葉雅也は「アンチ・エビデンス——90年代的ストリートの終焉と柑橘系の匂い」のなかで、あらゆるものにその原因や説明責任を強迫観念的に問うという態度を「エビデンシャリズム」と名付け、その蔓延状況を憂い、批判している。

エビデンシャリズムは現代社会を窒息させている。
企業で、行政で、大学で。社会のいたるところで「責任の明確化」という一見したところ批判しにくい名目の下、根源的に不確かであるしかない判断「に耐える」という苦痛を、厄介払いしようとしている。
おそらく「非定型的」な判断(ケース・バイ・ケースの判断)に伴わざるをえない個人の責任を回避したいからだ。機械的、事務的処理を行き渡らせることで、非定型的な判断の機会を限りなく排除していけば、根源

*1 豊川斎赫「「直観」と「直感」のはざまで——Diploma×KYOTO'14の「評価軸」についての雑感」『Diploma×KYOTO'14』［総合資格学院］
*2 千葉雅也「アンチ・エビデンス——90年代的ストリートの終焉と柑橘系の匂い」
『10+1 web site』［2015年4月号］http://10plus1.jp/monthly/2015/04/index03.php

に不確かに判断するしかない「いい加減な」、それゆえに「不潔な」個人として生きなくて済むようになる。これは、反－判断である。全員がエビデンスの配達人として滞りなくリレーを続けさえすればよい。こうしたエビデンシャリズムの蔓延は一種の責任回避の現象にほかならない。*2

講評会において、あるいはあらゆる審査において、その判断の根拠を過度に評価軸に求める態度は、まさにエビデンシャリズムに他ならない。「根源的に不確かであるしかない判断」とは、まさに審査員の判断のことである。そして「人」が判断するのではなく、根拠を持っているとされる「評価軸」に判断させようとする行為は、ある種の「苦痛」からの回避を可能にするかもしれないが、同時にそれは個人の責任の回避にも繋がってしまうというわけである。

図らずも、1等、2等が、評価軸方法で審査した場合に優秀作品となるかもしれない作品と重なってしまったこと、そのことも含めた審査全体を振り返って審査員の語った内容が、評価軸とは対極にあるだろう「野心」を求めるという内容であったことは、結果としては偶然には思えない。Diploma×KYOTO'15の結果は、ある種の時代の変曲点を象徴している。評価軸の限界を垣間見ることができたという意味で、それを問うた昨年のDiploma×KYOTO'14の、延長線上に位置されるとも言えよう。もちろん「評価軸を提示せよ」という声が強く学生からあった

というわけではない。しかし、結果的にDiploma×KYOTO'15は、アンチ評価軸という方向性と、また評価軸から脱却するための指針を、示唆していたと言えないだろうか。

評価軸を吹きとばせ

では「野心」を評価軸にすればいいじゃないと考える人がいてもいいだろう。しかしながら「野心」が定量化できるのかという問題とは別に、ここで重要なのは、審査員が期待する「野心」とは、従来の評価軸を破壊してしまうような、勢いのある何かだと想定できることである。したがって、そう考えた時には「野心」を評価軸にすることはできない。エビデンシャリズムの蔓延する現在の状況において、審査員はそれを吹き飛ばすような勢いのある作品を待ち望んでいたのではないだろうか。それが「不在であった」と言われることは、残念に思うことでは決してない。むしろDiploma×KYOTO'15は、2000年代後半以降に急速に浮上してきた「評価軸による審査の明確化」という、一見正しそうな方向性に対し、評価軸という考え方を問いに付し、そうしたエビデンシャリズムを突破するための「野心」という可能性を提示したといえるのではないだろうか。この一点が、Diploma×KYOTO'15が2015年という段階において、少なくともいわゆる卒業設計講評会全般に対して提示した、もっとも重要な問いかけであったのではないかと思われる。千葉雅也の言葉を借りれば、「バラバラのアジール」が

つながることなく点在していた90年代的ストリートが消え、SNSの全面化により「あらゆることがあらゆるところに確実に届きかねない」、現在に対する問いである。

本来、本稿は2日目と3日目にも触れるべきであったのだろう。筆者も2日目の司会を引き続き担当し、審査員のナガオカケンメイさん、南後由和さん、満田衛資さんとのセッションは、1日目とは別の形で興味深いものだった。あえていえば、ナガオカさんは表現のジオメトリカルな明確さを、南後さんはつくり方から伝え方までの一貫性を、満田さんは社会変化を考慮したエネルギーのあり方を重視しており、それぞれ表現、形式、社会という、まさにいま、卒業設計が必要としている3つの主要な評価軸を示していたのではないかと思われる。しかし、それも審査員のコメントから事後的にそのような軸を浮かび上がらせただけであって、実際の審査は個々人の経験を踏まえた瞬間的な判断の連鎖によって成り立っていた。

3日間の審査の過程を踏まえた全体像について、「総評」しなくてはいけないところだろうが、筆者はその「説明責任」をあえて避け、1日目終了後の審査員らとの短い時間の座談会での出来事から、誇大妄想的に論を膨らませ、その結果を今回の総評とさせて頂きたい。これは「司会は全体を綺麗にまとめて総評すべき」という、エビデンシャリズム的には当然と思われる考え方に対する、筆者なりの、ささやかな野心的応答でもある。

出展作品紹介
ALL ENTRIES

ID 001
青尾麻里子
―
神戸大学
建築学科
黒田研究室

Bilayer City
―
技術が進む現代で人々の生活は日に日に便利で豊かなものとなっている。しかし本当の「豊かさ」とは何なのか？地域の人々の日常生活の中に溶け込む「庭」となり、知性と感性を育む中で訪れる人それぞれの「豊かさ」の発見を促す。

ID 002
銅田匠馬
―
関西大学
建築学科
建築環境デザイン
研究室

重なり合う暮らしは風景となる

現在多くの集合住宅では生活空間が閉鎖的で自己完結した物となっている。日本家屋は壁面を建具で構成することで、曖昧な境界を内から外までつくりだし、暮らしが周辺環境の変化と共に行われてきた。日本家屋の様に周囲の環境にあわせ、刻一刻と変化し続けるそんな暮らしの場を提案する。

ID 003
芥隆之介
―
大阪市立大学
建築学科
建築デザイン
宮本・倉方研究室

Sacrifice
──人生を、コミュニティを紡ぐ

自然災害とその恩恵は常に表裏一体である。潮が干上がり立ち現れる多彩な道は、続き間のように島々を結びハレとケの空間を演出する。時間と色彩は我々の人生を彩り、コミュニティを紡ぐ。

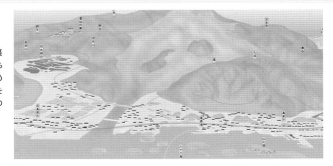

ID 005
荒川綾
―
京都大学
建築学科
吉田研究室

枚方家具団地再生計画

家具の工業団地と住宅地としての二面性をあわせもつ枚方家具団地。ここに開通予定の新名神高速道路もふまえた、新たな家具団地のアイコンを構想する。他地域と家具団地を結び、人と家具団地を結び、家具と人を結ぶ。3段階のスケールで空間を形作る。

ID 006
安藤晟
―
京都建築専門学校
建築科

歩み続ける意志
―
日々に疲れ他人との繋がりを持ち続けることが困難になってしまった精神的余裕の無い人々の心を癒す場と、日常を惰性で生きている人々に、新たな一歩を踏み出させるための後押しをする塔を提案する。

ID 007

石井秀弥

―

京都建築大学校
建築学科
長谷川研究室

―

L-form Pavilion

―

二種類の単一ユニットを設計する。通称＝L-form ユニット。これらは、無数の組み合わせ方で様々な形態のパヴィリオンとなり、街に全く新たな風景を創りだす。のちにパヴィリオンは歩道橋とともに存在することが当たり前となり、有期限建築は無期限建築へと変化してゆく。

ID 008

石原国篤

―

三重大学
建築学科
富岡・田端研究室

―

再繋の橋

―

鉄道によって分断された町を繋ぐ橋。ひとつになろうとする東西の街に橋をかける。橋がただの通過空間ではなくコミュニティの場となるとき、そこは街の一部となり二つに分かれた街をリアルに繋ぐことが出来る。

ID 009

伊勢原宥人

―

大阪大学
地球総合工学科
阿部研究室

―

Shangri=La Underground-Archives

―

知識を蒐集するアーカイブを地下深く掘り表出させた地層の中に設計します。失われた地平線に登場する理想郷シャングリ＝ラの様に谷底に存在するこの建築はアーカイブとして紙とフィルムによる記録・記憶を蒐集します。そして地下に横たわるこの建築はファサードを持つ洞窟でもあるのです。

ID 010

伊藤大毅

―

京都建築大学校
建築学科
川北英建築研究室

―

儚う――夢の姿を学ぶため

―

2017年完成予定の京都スタジアムがある。緑に包まれたベッドタウンとされる地域に唐突に現れる球技専用スタジアムの存在に異見を唱えるが、世界的に有名な川下りとスタジアム計画による新しい場の力を考慮したこの地に相応しいスポーツ施設を提案する。スポーツ教育の質の向上を図る。

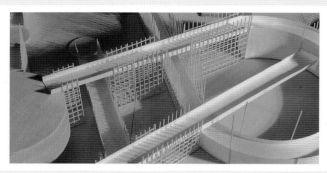

ID 011

今川泰江

―

武庫川女子大学
建築学科
岡崎・鈴木・天畠研究室

―

Skylight Museum

―

太陽光のみで作品を照らす博物館。時間、天候、季節によって変化する展示室をつくりました。

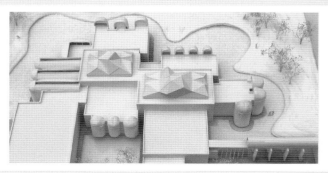

ID 012
今治こみ加
—
武庫川女子大学
建築学科
岡崎・鈴木・天畠研究室

カテナリーの教会
—
聖母マリアの優しさを表現した教会。屋根にはカテナリー曲線を用いて、包み込まれるような安らぎの空間を設計した。

ID 013
今村はるか
—
京都大学
建築学科
竹山研究室

poco a poco
——熊本市江津湖アトリエ群
—
熊本の江津湖沿いにアトリエ群を建てる計画。比較的大きい共同の工房が6つ（金属、木、石、ガラス、陶芸、布）と、小さい個人のアトリエがたくさん。1個1個は石造で、かまぼこのような形をしている。このかまぼこのような形のアトリエは時間経過で増えていき、この場所の風景をつくる。

ID 015
岩元菜緒
—
大阪市立大学
居住環境学科
小池研究室

へやのまちとにわのまち
—
住居と町の関係の再構築として、文化住宅のビルディングタイプを反転させることを考えました。まちと住居の接し方にパターンとグラデーションができることで、空間の所有の意識が変化することを考えました。

ID 016
上田晃平
—
近畿大学
建築学科
垣田研究室

間隙の再編
——京都における共有の場の提案
—
街を形成する要素のスケールが細かく、人間のアクティビティやふるまいに寄り添うもので成り立つ京都の間隙に適用できる普遍性を持つ、職住近接の建築を探求した。

ID 017
上田滉己
—
関西学院大学
都市政策学科
八木研究室

Uchi to Soto
—
近年、社会問題化する児童虐待の発見件数は増加傾向にあり、児童養護施設には虐待を受けた数多くの子どもたちが入所している。本提案は、社会情勢・住民によって、変化し続ける養護施設・公共の場である。人は自然にこの土地を通り、集まり、交わる、内から外へつながる場所。

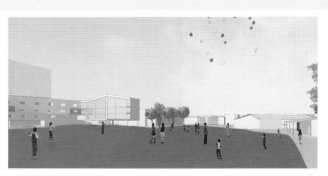

ID 020
梅田朋佳

関西学院大学
都市政策学科
八木研究室

記憶する建築──往くと留るの間

空間は一番シェア率の高いものである。人間同士に限らず、植物や動物ともシェアしている。そんな空間を作ることができる建築に、記憶するという動詞を与え、様々な記憶を記憶する駅を作る。

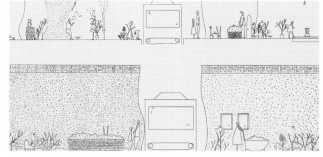

ID 022
榎本拓朗

大阪大学
地球総合工学科
阿部研究室

ピエロハーバーの意志

ピエロハーバーがかつて暗く光の入らない中津高架下にもたらした風景。自分たちで作り上げた空間の中で芸術活動に勤しむ人々。耐震工事で更地となった高架下に、人々の創造性を呼び覚ます、都心から近くて遠い高架下洞窟を構想する。

ID 023
大木貴史

近畿大学
建築学科
松本研究室

船場観光案内所

オフィスを中心として街を形成しており、休日には人が少ない船場。しかし、船場には多くの近代建築が残っており、とても魅力のある街である。この街に人を呼び込むために、近代建築の存在を発信する観光案内所を提案します。

ID 026
大西直彌

大阪大学
地球総合工学科
阿部研究室

山の辺窯──ある陶芸家とその家族の物語

とある村はずれにある、陶芸家の住む家・山の辺窯。陶芸家が残りの人生を生き抜く場所。家族が帰ってくる場所。この窯の、未来を描く。

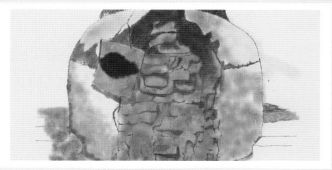

ID 027
大道弘昂

京都建築大学校
建築学科
小森研究室

記憶の砂と風のあと

原発事故は原子力の事故であるが、そこに建築が関与していることは事実であり、原発は建築物として目を向けるべき。建築が持つ問題にどう向き合うか、建築物の持つメッセージ性に着目し、記憶を通して人と原発を繋ぐ空間を創り出す。

ID 028
岡美里
—
神戸大学
建築学科
三輪・栗山研究室

風追い人がゆく
──淡路島の中山間地域を結ぶ5つの風景
—
サイクリングのメッカといわれる淡路島。走るという身体的体験に各拠点での空間体験を付加することで自転車で走る楽しみを増幅させるとともにこの地に残る風景を再認識させる。地域を結ぶ一本道を風追い人が駆け抜ける。

ID 029
岡田朋大
—
神戸大学
建築学科
山崎・山口研究室

1.87k㎡のものがたり
──瀬戸内の離島・坊勢における子育て空間
—
独自の子育てコミュニティを持つ瀬戸内の離島・坊勢に子育て拠点を提案する。幼稚園、小学校、中学校とコミュニティ施設がそれぞれが絡まりあうプログラムを、集落の形態を活かしつつ、集落の隙間である斜面地に配置する。子供たちはこの施設を中心にこの島を駆け回る。

ID 030
岡留誠士
—
京都建築大学校
建築学科
長谷川研究室

平成26年克灰住宅
──新たな住宅の形
—
活火山が存在する鹿児島それにより、他見とは異なり日々火山灰に悩まされている。そこで、この平成26年克灰住宅では、新しいマニュアルを考案し、前マニュアルでは対処しきれていない窓を開けられないを解決し豊かな生活が送れるようになるものを提案する。

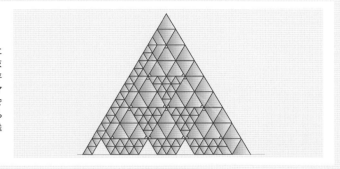

ID 032
奥田稔典
—
京都建築大学校
建築学科
長谷川研究室

空屋上屋を架す
—
本作品は利用されていない空き家を利用した公共建築物の提案である。施設のプログラムは『保存』・『再生』・『創造』の3つから成り立つ。施設の上に架かる大屋根は適度に太陽の光を遮り、人類も自然の一部であるという事や生命の営みを感じる事ができる。

ID 033
奥野智士
—
関西大学
建築学科
建築環境デザイン研究室

千里の風景は森と共に
—
千里ニュータウンの緑地帯は街の分断要素になっており、具体的な活用方法が見出されていない。この場所にお墓をつくる。住まいに近い日常の中で緑地帯と共に存在する事が、お墓と場所の存在意義を変えると思った。私は場所に参るお墓によってこの場所を生活と繋げる。

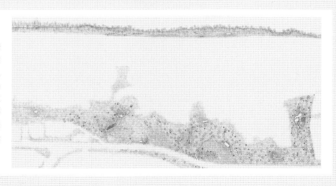

ID 034
奥村優汰郎
—
摂南大学
住環境デザイン学科
川上研究室

Share independence
──阪急洛西口駅とJR桂川駅間に展開する
—
日本では一般的に高校、大学へ進学し社会貢献すべく働くことが想定されたが、近年、起業し自分が軸になり社会貢献したいと考える人が増えている。そこで本計画では空間に着目し独立、起業したいと考える若者を対象に、一歩を踏み出すための空間を提案する。

ID 035
奥村賢人
—
京都建築専門学校
建築科
魚谷ゼミ

都市に生きる火葬
──京都・船岡
—
災害ものではなく、災後もの、という考えを基本にしている。人の住む都市の問題とまでは言えないが、人は死に関するものを生活から都市レベルでまで避けてきた。それを覆す事で、人は本当の意味で次の時代に進めるのではないだろうか。

ID 037
小倉沙姫
—
奈良女子大学
住環境学科
長田研究室

再びの奈良
—
県内の周遊性が低く、宿泊を伴わない通過型観光が主流になっている奈良において、路線バスの乗継ターミナル=観光の拠点を置き、県内を周遊するシステムを提案する。県内の周遊性を高めるとともに、奈良を訪れて宿泊し、そこに流れる時間を感じることで、奈良の魅力を再発見してもらいたい。

ID 038
尾崎麻理子
—
大阪工業大学
空間デザイン学科
建築デザイン研究室

着替える住処
—
豊かな学生生活とはどのような暮らしかたなのだろう。通り道にあり、学生だけでなく街の人も利用できる外のCommon空間、学生が1人あるいは複数人でさまざまな目的に応じて使う内のCommon空間、自分で作る快適で小さな居場所のPrivate空間。この3つの空間が時に重なり合い、時に分離する。

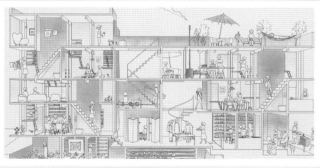

ID 039
尾崎邦明
—
京都大学
建築学科
山岸研究室

Fair Trade Street
──世界と日本をつなぐ道
—
現代のグローバルなビジネス社会の中では時として立場の弱い発展途上国の人々に不利な貿易体系になっている事があります。この格差を是正するために行われているフェアトレードという活動を促す建築を考えました。生産者とバイヤーがここで出会い、様々な体験を通して交流を深めます。

ID 040
小田純子

奈良女子大学
住環境学科
宮城研究室

Wellness Park
——奈良県営競輪場跡地計画

奈良、秋篠には古墳、秋篠寺、競馬場と土地の記憶が今もはっきりと残されている。競輪場が廃止となるとこで競輪場があったという記憶が失われることのないよう、ふさわしい跡地を提案する。

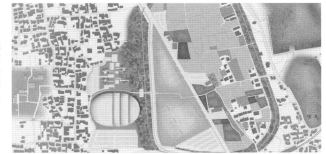

ID 041
越智通信

京都建築専門学校
建築家二部
香西研究室

悪場所

かつてあった定住的な生活空間の外に囲いこまれて形成された悪場所。定住民に忌避されつつ憧憬の対象、または憧憬されつつ忌避の対象でもあった空間は漂白された日常の論理から人々を解放するのか?

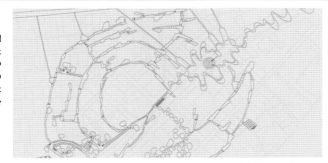

ID 042
郭寧

大阪大学
地球総合工学科
木多研究室

羽化

人生は不確定の出来事で溢れている。明日何が起こるか分からない。大人になる、家族が増える、トムソンガゼルになる。すべてがあり得る。荒唐無稽な人生に荒唐無稽な建築を。

ID 043
加地大

大阪工業大学
空間デザイン学科
建築計画研究室

南海天王寺支線跡計画

防災拠点と地層ギャラリーを兼ねた遊歩道を計画する。上町断層帯上に位置しているこの敷地での、沿線地域の人口に対して災害発生時に必要とされる物資量や雑用水量、電気量から、雨を受ける屋根面積、必要蓄電量、倉庫面積等を導き出し建築へと落とし込む。

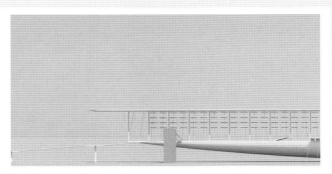

ID 044
加藤拓之

三重大学
建築学科
大月研究室

Raum

建築を身体を取り巻く空間から哲学的に考える。その際に建築同様に身体を取り巻いている衣服の面からも考えるのはどうであろうか。それによって本当の意味での人を取り巻く空間を見いだせるのではないだろうか。

ID 046
兼松尚輝
—
京都建築大学校
建築学科
上島研究室

再生への希望
—
都市は発展し人間にとっては便利な世界になっていく。そして、人間はより便利な都市へ移っていく。その結果、都市は発展する一方で地方は衰退する。そこで「雇用」「学習」「娯楽」を含めて土地の風土、特色を利用し農村民泊という形で提案する。

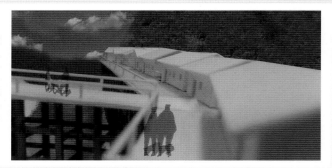

ID 047
鎌田悠也
—
神戸大学
建築学科
光環境研究室

光と行為のうつろいゆく保育所
—
3種類の光の取り入れ方と特定のアクティビティを関連づける。ある空間にある光が再現された時、あるアクティビティが発現する。子供達が建築内部にいながら自然のうつろいが感じられる空間作りをおこなった。光のうつろいと同時に、子供達の行為もうつろいゆく空間を目指した。

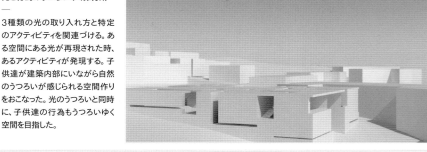

ID 048
神谷領
—
立命館大学
建築都市デザイン学科
建築計画研究室

工業都市の新たなカタチ
—
工業都市として発展の中心を担った東大阪の町工場だが、住工混在問題といったことから工場は廃れ、まちと遠い存在となってしまった。そこで、工場としてのカタチ、シンボルを残しつつ、躯体を生かした新たな機能を入れることでまちの風景を守り、かつての工場と共に発展したまちの賑わいを取り戻す再生法を提案する。

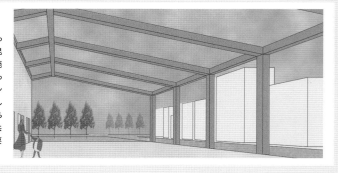

ID 049
川村真弘
—
立命館大学
建築都市デザイン学科
建築意匠研究室

人道のコンソーシアム
—
本来病院とは、人々を閉じ込めておく場所ではない。病院は人々にとっての大切な生活空間である。開かれた医療のために、リハビリ空間を生活空間の延長と位置付ける。街全体を医療施設として活用することで地域の資源と融合させ、医療と街との新たな関わりを提示する

ID 050
北田萌乃
—
京都女子大学
生活造形学科
八木研究室

自然と人を繋ぐ
——自然環境を散策するためのサポート空間
—
自然に癒され、改めて大切であることを認識し、自然を知るきっかけとなる、そんな空間を目指した。出発地点である駅周辺には、ハイキングサポート施設、ハイキングコース付近に3種類の自然を知れ、感じられる空間が、点在しており、それらをたどることで自然と人はより近くなる。

ID 051
吉備友理恵

神戸大学
建築学科
遠藤研究室

TIME WAS MONEY
──現代の宗教建築の解体

何のために働くか?日本人の半数以上は「お金を得るため」と答える。人が本当に崇拝すべきは「お金」なのだろうか?船場センタービルを改修し、経済活動と住まいを共有する新しい働き方を提案する。

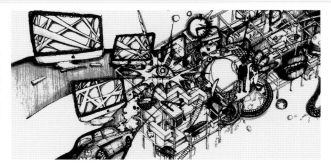

ID 052
金翔賢

神戸大学
建築学科
山崎・山口研究室

街を結ぶ
──コリアンタウン
多文化共生のカタチ

在日コリアンが多く住む生野区には二つの側面がある。「表」としての非常に賑わう商店街-コリアンタウン。狭小住宅、再建築不可住宅といった問題を抱えた「裏」の住宅地。まるで別々の地域のようにバラバラになった街を一つに結びなおす。

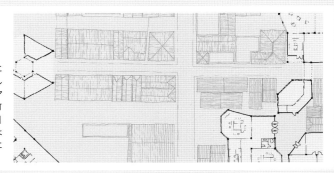

ID 053
木村明稔

兵庫県立大学
環境人間学科
三田村研究室

Ethnosの未来
──増田友也設計山ノ内浄水場のたたみ計画

2013年、京都市山ノ内浄水場が一瞬にして解体され、そこに存在していたことが忘れ去られた。解体される運命にあるこの建築を、風景として未来に残すことはできないか。設計者増田友也の思想とともに仮設建築を建設し、解体していくまでの計画である。

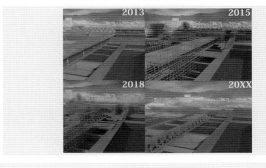

ID 055
桐谷龍之介

京都大学
建築学科
高田研究室

-i-

人・物・金・職・その他の過剰な一極集中が著しい日本の首都・東京。そこは、何でもあるようで何にも無い場所なのではないのでしょうか。過密化する都市と身をよじる人のあいだの建築という都市空間を構想します。

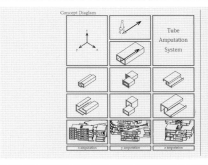

ID 057
久保晶子

大阪市立大学
建築学科
建築デザイン研究室

まちを縫う

ほそく、長い学校。まちの中を縫うようにのびてゆく。こどもと街、街と街が繋がる。川の右へ左へ。おこなったり来たりする学校は、古い街と新しい街とを縫い合わせる。

ID 059
熊崎悠紀
—
関西大学
建築学科
末包研究室

幽玄を纏う川湊
──岐阜県川原町における
町を巻き込んだ
鵜飼ミュージアムの提案

私は、今に残るかつての生業と町との関係について考えました。舟と水辺の文化によって栄えたこの町で、長良川沿い一帯をミュージアムを中心にネットワーク化していき、鵜飼との関わり方からデザインしました。

ID 060
栗林秀訓
—
近畿大学
建築学科
松本研究室

生死者の棲家

都市において、弔う者が居なくなってしまった無縁仏と死に場所が無い単身高齢者のための住宅の設計。

ID 061
黒柳歩夢
—
京都大学
建築学科
高田研究室

コナギとカルガモが見ていたもの
──記憶を紡ぐ三種の建築

敷地は京都市左京区宝ヶ池。ひっそり佇む池。はるか昔から憩いの場として機能してきたこの地は、さらに国際会館の登場により交流の場としての機能を付加することになった。がしかし宝ヶ池自体の美しい自然を堪能できる要素は不足している。ここに三種の建築を挿入し、場所性を更新していく。

ID 064
合田宏明
—
神戸大学
建築学科
黒田・中江研究室

DOCK on the DOCK

神戸の街が三宮から西へ続いていく中で、周囲から隔絶され、消えていくであろう川崎重工造船所に焦点を当て、神戸のイメージに加える。造船所内のドックを大型船から小型船利用に変え、平面であったものを立体化し、様々なレベルからドックを感じ工場空間を認識する。

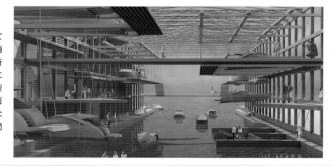

ID 066
木庭彰紀
—
京都建築大学校
建築学科
上島研究室

L-town──リビングで生きる人々

熊本県水俣市では水俣病という公害が起こり一度町も人々もばらばらになってしまった。しかし人々は協力して町に元の姿を取り戻し水俣の町を復興させることに成功した。しかしまださまざまな問題をかかえた水俣により良い住まい方を提案する。

ID 067
小濱文吾
—
近畿大学
建築学科
垣田研究室

みちのげんしょう──世界の神山
—
「消滅可能都市」や「2025年問題」など人々の関心が人口減社会に向いている現在。徳島県神山町ではいろいろな人が集まっている。それらの人が交わることで新たなものが生まれるのではないかという提案。

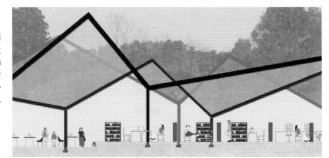

ID 068
小林広美
—
滋賀県立大学
環境建築デザイン学科
松岡研究室

曳山が魅せる舞台
──共同体の再構築による祭の継承
—
私が暮らす水口町は、東海道が三筋に分かれる。その三筋内に点在する曳山は祭を盛り上げる存在だ。だが、最近の曳山を管理する町が衰えながらも祭を盛り上げている。そこで、次世代に継承し続けられる祭空間を三筋全体を使い提案する。

ID 069
駒井健也
—
滋賀県立大学
環境建築デザイン学科
芦澤研究室

五方よし
グリーンエコツーリズム滋賀
──琵琶湖と山を繋ぐみんなの港
—
環境観光県滋賀として、山と琵琶湖をゼロエミッションで往復し、地元の資源で非電化で暮らせる宿泊施設を建設することで卒原発に繋がる港を生む。観光業と連携させ、30年後には震災でインフラが喪失した際にも機能する。

ID 070
小松昌平
—
神戸大学
建築学科
槻橋研究室

島の駅
—
島の玄関口として、人々を迎え入れてきた浦の浜は、東日本大震災、またこれから進められる防潮堤建設、本土との架橋完成などにより、大きく環境が変わり、その玄関性が失われつつある。防潮堤と海の間で島の駅は、自動車を引き込み、島と海、島外と島内を繋ぐ。

ID 071
小山淳史
—
京都建築大学校
建築学科
上島研究室

創想を形に
—
漫画を描いている所やどうやって描いているかを知っている人は少ないと思う。一般の人にも製作体験をしてもらうことにより、漫画をより深く知ってもらい、漫画家がどの様なものかを自ら体験してもらうという施設になっている。

ID 073
佐藤絵里
—
大阪工業大学大学
建築学科
本田研究室

ハジマリとオワリのエピローグ
—
一つの機能が価値を失い、次の機能が備えられる。一つの建築がなくなり、新たな建築が建ち現れる。まるで一つの物語を終えるように。そしてまた、何もないかと思えるようなところから物語が始まるように。まるで一冊の備忘録とも言えるような取り替えの効かないもの。それがここにはある。

ID 074
佐藤克志
—
京都大学
建築学科
牧研究室

EMBANKMENT
—
ー水都大阪ーその名のとおり水に囲まれた後背地の利用に問題を抱えている。防災とデザイン、その二つをうまく結合させ、大阪と水の新しい関係を提案する。

ID 075
澤江隆志
—
神戸大学
建築学科
遠藤研究室

まちの解体、そして未来。
—
ニュータウン。こう呼ばれる地域はこれからどうなるのだろうか。まちに食と農のプログラムを組み込むことで、まちに新たな生活基盤をつくりだす。そして、そのときの建築のあり方を考える。

ID 076
島浦将基
—
大阪工業大学
空間デザイン学科
建築計画研究室

245.44で生きる
—
現代の平面的都市は身体的負担を高齢者に与えかねないと考える。そこで広範囲の住宅を一点に集約する。これはすなわち平面的空間から高さのある立体的空間への変移を意味し、これにより身体的負担を軽減するために新たな居住空間が生まれた。

ID 077
島崎桜
—
奈良女子大学
住環境学科
景観デザイン研究室

OLYMPIC LEGACY 2020
──葛西臨海公園における
カヌー競技場の持続可能性
—
カヌー競技場建設地である葛西臨海公園において、五輪開催後のカタチを考える。公園の西側を造成し西から東へ水系をつなぐ。カヌー競技施設とフィールドミュージアムの2つのプログラムが交錯する。何度もコンタをひき最高に心地よい空間を生み出した。

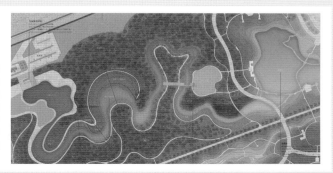

ID 078
白石洋子
—
京都女子大学
生活造形学科
八木研究室

Flux Campus Common
—
大学の動線に着目した計画。キャンパス内を移動する人々の流れを、学園のシンボルである藤の蔓（つる）に捉える。それらの蔓はキャンパス内を前へ上へ上へ伸び機能停滞したキャンパスの新陳代謝を上げる。分野ごとに区割りされた校舎の垣根を取り払い、これまでの大学の在り方を再構築する。

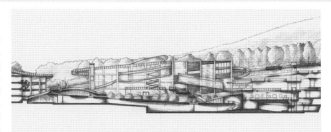

ID 079
白井萌
—
滋賀県立大学
環境建築デザイン学科
松岡研究室

間戸辺の間合い
——余白をもった住宅群の創生
—
日本の間戸を持つ住戸が集まった商店街に面した一角。ここでは間戸を通して、人々の生活が顔をのぞかせる。ご近所さんとコタツを囲んだり、間戸端会議など、「間」がもつ距離感で人と人・人と自然を結びつけ、街はにぎわいを取り戻す。間戸辺で生活の気配を感じながら集まって住む。

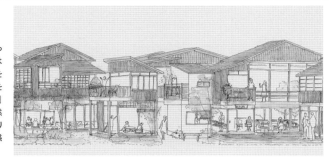

ID 081
須田彩子
—
大阪工業大学
空間デザイン学科
建築デザイン研究室

Science College town
——理系学生のための学衣食住
—
理系学生は学生同士の交流が極端に少なく、他学部と関わりを持たないまま社会に出てしまう傾向がある。様々な価値観を持つ他学部・他大学の理系学生が日常レベルで交流すれば、互いの知識を共有しながら新しいものを作り出していくのではないかと思い、カレッジタウンを提案することにした。

ID 082
関俊祐
—
三重大学
建築学科
加藤・毛利研究室

建築が結ぶ医療と人
—
インフォームドコンセントにより、患者は医師から病気に対する説明を受け、治療に対する意思決定が可能となった。しかし、実際に説明を受けて理解を得られる人はどれだけいるだろうか。自分の病気は自分で学び、理解する。そんな学びの場をもった、患者の自律を促す病院を提案する。

ID 083
髙見亮大
—
大阪工業大学
建築学科
前田研究室

やがて村人になっていく
—
農村の人口流出問題解決と、都市住民の望む新たなライフスタイルの向上に向けて、「二地域居住」が注目されていますが、その認識には両者間でギャップがあります。そこでそのギャップを勘案しつつ、ゆっくりと時間をかけて、都市から来た人々が「やがて村人になっていく」ための村営住宅を提案します。

ID 084
髙山裕太

大阪工業大学
空間デザイン学科
建築デザイン研究室

煌の生鵠

「消費」と「創造」対比された2つの空間を例えるならば、それは都市の縮図、或いは黒点であろう。忌避されながらも確かにそこに存在する生鵠は繁栄の起爆剤となり都市に再び煌めきを与える。

ID 085
滝元嘉浩

大阪工業大学
建築学科
前田研究室

まちの記憶に棲まう

和歌山県橋本市高野口町には、まちの発展を支えた木造織物工場がまちの中心部に残っている。この地域の高齢者が、まちの誇りとして愛着のある場所で、その記憶とともに看取られ、まちの発展を支えた記憶を世代を超えて紡いでいくことのできる、高野口町の「まちの記憶に棲まう」場を計画する。

ID 086
竹内萌

京都大学
建築学科
門内研究室

拝啓、きたるべき郷へ
──人めぐる農村のための三つの庵

京都市左京区北部の大原には農村の生活文化が根付く。都市とは違った魅力をもつ農村の未来を構想する。たくさんの人が農村の資源を享受し守っていくため、大原の中に分散する三つの庵をつくった。これらは生業を生み出し、生活に溶け込み、風景となっていく。

ID 087
竹内和巳

京都大学
建築学科
神吉研究室

あるまちの日常

みなさんの暮らしは幸せでしょうか?私たちの暮らしは経済的な豊かさのみで構成されているわけではなく、例えば他者との相関関係から得られる幸せもあるはずです。このままでは希薄になり続ける他者との距離を捉えなおし、経済性とは別の幸せのカタチを模索する建築を考えました。

ID 090
田寺司

京都大学
建築学科
神吉研究室

Trans-Port
──神戸臨港線跡再生計画

兵庫県神戸市の神戸臨港線神戸港駅跡にかつて行われていた貨物の交易になぞらえて、人々が交易をおこなうための複合施設を設計しました。

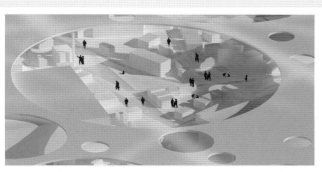

ID 091
田中健人

神戸大学
建築学科
遠藤研究室

表出のまほろば
—

時代・技術の進歩とともに便利になってきたわたしたちの生活。しかしわたしたちが失いつつあるもの。人間っぽさが表出する風景。時代が転換期を迎える今、人と建築の関係を問う。これは再開発でも懐古主義でもない、時間の中で成長していく未来への物語。100年後のわたしたちへ。

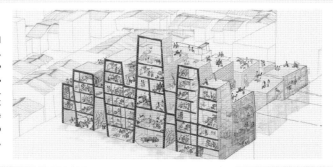

ID 092
棚橋弘貴

立命館大学
建築都市デザイン学科
建築計画研究室

第10の芸術
――時代の生まれた場所

本設計では、ほとんど誰も観たことがない「映画が出来るまで」を実際の撮影風景を観ることで伝える。技術の進歩により、高度な撮影が小スペースで可能になる今後の映画産業。窮地に立たされる映画発祥の地で、これからの映画とそれに携わる施設の在り方を考える。

ID 093
玉津亜依

奈良女子大学
住環境学科
室崎研究室

小さい家族が集まって
大きく暮らす
――母子世帯を中心とした
地域型シェアハウス

現在、育児環境の孤立化を背景に、母子世帯の貧困率が過去最悪の値となっている。小さな家族が集まって暮らし、地域住民の居場所を併設することで、お互いをゆるやかに見守り、支え合う住まいを提案する。

ID 094
樽本光弘

近畿大学
建築学科
建築デザイン論研究室

雪彦温泉再生
—

建築には人を自然から守る役割がある。しかし、その役割は環境の条件によって違うものであり、最近の建築は守る役割に力をおくあまり自分の周囲の小さな自然を感じにくくなっているのではないかと感じる。そこで自然環境のすばらしい山之内で周りの環境が少し違うだけでどれだけ空間が変わるか考える。

ID 095
丹井涼太郎

大阪工業大学
空間デザイン学科
建築計画研究室

交換の場の設計
—

情報化に拍車がかかる現代社会において交換という行為は我々の手から離れたところで行われるようになった。そんないまだからこそ、これからも決して無くなることのない「もの」そのもののリアリティを追及した場を、作者が生まれ育った木津卸売市場の再編によって形態化する。

ID 097
中馬啓太
—
関西大学
建築学科
建築環境デザイン
研究室

ワスレガタミ——場所に帰ス建築
—
この場所には、たくさんの人の想いが重なっている。その想いは色々な『場所』に染み付いていた。そんな人の想いと場所の接点が残ることで、どんどんと建て替えられ続ける梅田にワスレガタミのように、想いが重なり合って残る。そんな場所を提案する。

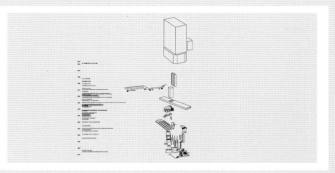

ID 098
辻陽平
—
近畿大学
建築学科
建築・環境研究室

里山の裾
—
滋賀県大津市の南部に位置しているこのニュータウンには里山が残り、今もなお人口が増え続けている。しかし、開発可能な遊休地にも限界が訪れ、このままでは人口増加は望めなくなりつつある。また、里山とは無関係に住民は生活している。この里山の裾での生活のあり方を考える。

ID 099
辻本和也
—
関西学院大学
都市政策学科
八木研究室

Commercial Circus
—
日本にはかつて、家族が楽しめる遊園地がたくさんあった、2000年以降、各地で遊園地が経営難からの閉園を余儀なくされた。その中で、宝塚ファミリーランドも例外ではなかった。そんな家族で楽しめる場であった跡地に、非日常空間を感じ続けることができる商業空間を設計した。

ID 100
坪田一平
—
大阪市立大学
居住環境学科
小池研究室

3-19.5
——貫入する公共機能と
空間体験装置としての団地
—
狭く閉じた団地の空間を故郷を思い出すトリガーとし、郊外出身者の「故郷」を内包した宿泊施設とそれに付随する7つの公共機能をもった複合施設「3-19.5」の提案をおこなう。

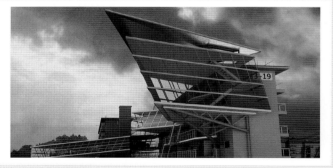

ID 101
寺戸佑希
—
関西学院大学
都市政策学科
八木研究室

The Ocean in the City
—
まちには"Homo Delphinus"／イルカ人間という人たちがいます。イルカ人間とは、イルカと人間の間に位置する、フリーダイバーのことです。海から遠く離れた都市に住むイルカ人間を、都市にいながらもイルカに戻ることのできる空間を地のへそを起点に提案します。

ID 102
徳岡怜美

京都大学
建築学科
門内研究室

下鴨サウンドスケープ
── 神と森と人が奏でる音風景

昔から神と森が共存してきた下鴨神社。ここは神と森と人の音に包まれている。そんな、下鴨神社の音風景をコンサートホールへのアプローチとして計画する。そして、このコンサートホールは参道に心地よい音楽をもたらし、参道の音風景の一部となる。

ID 103
利見理紗

立命館大学
建築都市デザイン学科
ランドスケープデザイン研究室

雪晴の唄
── 海と山をつなぐミュージアム

衰退しつつある寒天業を守るための建築。自然の力を活かして作られる寒天のようなミュージアムは、季節に応じてプログラムが変化する。周囲のコンテクストを汲み取り、神事・寒天の奉納をおこなうことで1年のクライマックスをむかえる。自然・人・地域が密に関わり、伝統の寒天業を守る。

ID 104
戸山真里

武庫川女子大学
建築学科
榊原・田中研究室

写映のひととき

JR六甲道駅の近くにある防災公園。この地区は震災により再開発され、姿は一気に変えられることとなった。人は増え、町は新しくなったが、震災の経緯が消えようとしている。ここに、「写真」を媒体としたプログラムをいれ、思い出をつくる場としながら、また思い出を残し伝える場とした。

ID 105
鳥越美帆

関西学院大学
都市政策学科
八木研究室

言葉のない場所

言葉は世界をつくる。ありのままのすがたはあいまい。言葉ではすくいきれないもの、そのものを受け入れる場所。

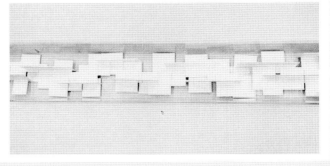

ID 106
中川絵理香

神戸大学
建築学科
槻橋研究室

写真と時間の美術館

廃線跡地を歩くことによって歪められた時間は引き伸ばされた。写真を撮る瞬間、シャッターを押す瞬間から光は閉じ込められる。そんなほんのわずかな時間の中での空間に着目した。光と影が映りこみ、自然と対応して微妙に移り変わっていく空間でわたしたちは時間を感じる。

ID 107
長田浩幸
—
大阪市立大学
建築学科
建築計画研究室
—

下町ターミナル
—
駅に降り立ったとき、あなたは何を目にするだろう。広告板？駅ビルの壁？そこにあるのはどの駅も同じような風景である。まるで標識を取り換えただけのようなそんな駅舎空間。駅舎に降り立った瞬間、街の雰囲気や人の動きが感じられるような、そんな駅舎を作れないだろうか。

ID 108
中塚大貴
—
関西大学
環境都市工学科
末包研究室
—

建築以上、建築以下
——大阪市空堀における輪郭の建築の提案
—
窪地に溜まる木密空間。大阪市空堀の表情となる建築を作る。縁としての骨格と空堀内の増改築から得た意匠は、空堀の隆盛を示し続けると同時に、空堀一帯が同じ空間を共有する一つの建築のような存在にする。

ID 109
中西裕子
—
大阪工業大学
建築学科
本田研究室
—

だれかと書庫で待ち合わせ
—
都市の象徴ともいえる駅舎において、現代的繋がりについて考える。駅舎の人や電車、モノの流動性において、個人は目的を果たすためだけに訪れ、自は他に無関心を装う。一方で、駅舎における不特定多数の人の往来は、固定的な関係だけでなく、"弱さ""脆さ"、軟弱な関係を生むきっかけをつくるのではないだろうか？

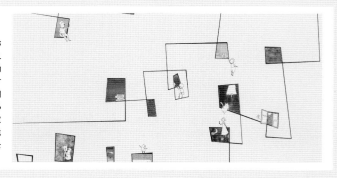

ID 110
中根正寛
—
大阪大学
地球総合工学科
木多研究室
—

Bus in house
電車という公共交通手段から切り離されたニュータウン。生活の中心となるはずのサブセンターは衰退し、徒歩を中心に考えられた生活はもはや成り立ってはいない。バス停留所とサブセンター、時代によって変化が求められるこれら2つがニュータウンに新たな施設・交通形態を作り出す。

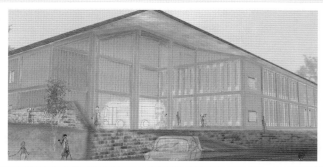

ID 111
中野 圭介
—
関西大学
建築学科
末包研究室
—

重奏する都市空間
—
現代の都市は目的地から目的地という一対一の関係が出来上がり、建築外の空間は車が支配権を持ち、人の活動は建物内で完結する。建物内で起こっているにぎわいを外部に表面化することができる立体的広場を提案する。

ID 112
中野睦子
—
京都女子大学
生活造形学科
八木研究室

village aquarium
——分散型水族館による
歴史的漁港の活性化
—
高齢化、人口減少などを背景に衰退の一途を辿る漁村地域。ここに小規模な水族館を点在させる。人はそれらを辿るうちに漁村の空気に触れ、各々に何かを感じとる。現代の内部完結した巨大な水族館とは違う、日常に近いスケールの水族館を利用した町おこし。

ID 114
西川平祐
—
京都大学
建築学科
古阪研究室

消え行く町の紡ぎ方
—
図書資料館の改修・増築・プログラム付加による、こどもと高齢者の協同の場の構想。少子高齢社会において、人口5万人の消えゆく町の地域資源を再配置・再構築することで地方で薄れ始める人々の関係性を保ち、異なる世代がともに過ごす風景が生まれる場の提案をおこなう。

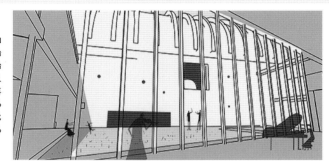

ID 115
西川ゆき子
—
京都建築専門学校
建築科二部
—

子育ての学校
おやこで通う認定こども園
—
生まれたばかりの親子にとって初めての時間。その大切な乳幼児期をどんなふうに過ごしたいのか考えました。おとなが子どもに与えられるものは限られています。漢字や英語、跳び箱よりも笑顔、気配、安心感を感じるこども園におやこで通おう。

ID 116
西田貫人
—
関西大学
建築学科
建築意匠研究室

羽休め
——大阪新歌舞伎座再生計画
—
旧大阪新歌舞伎座は1958年に竣工し、その特徴的なファサードから大阪・ミナミのランドマークとされてきた。しかし老朽化を理由に移転売却され取り壊しが決まっているにもかかわらず動きがない状態である。この提案はそんな状況に対するアンチテーゼである。

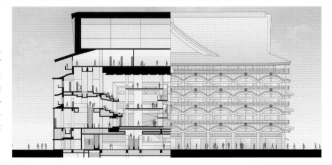

ID 117
新田裕樹
—
京都建築大学校
建築科
川北英建築研究室

音のクレーター
——出雲地方の神楽の殿堂
—
出雲流神楽の原風景を感じてもらう為、既に使用されている土地と、再開通させる水路を除いて最小限の開拓とする。各建物の外皮を草地で包み込むことで原風景を表現し、その中で神楽の息遣いや存在を感じながら遊び、学び、体験する。神楽を日常化させる舞台となる空間を形成する。

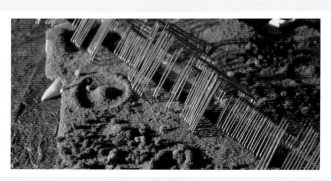

ID 118
丹羽健一郎
―
京都大学
建築学科
髙田研究室

選択性のある高齢者の住まい
――傾Share×単身Share×
高齢Share
―
従来の高齢者施設はひとつの箱の中で完結してしまい、同じ動線の繰り返しの単調な生活のように感じてしまう。選択性のある自立した暮らしを、傾斜と高齢者という不向きな組み合わせから生み出す。

ID 119
萩原光正
―
京都建築大学校
建築学科
長谷川研究室

匂ひ町、香り町
―
本計画は子供に対しての香りによる地域文化への意識改善を目的とする。町全体が茶の香りに包まれ、香り自体がその町の意識的なランドマークとなる。子供の頃から自然とお茶文化に触れることで、文化の継承等の活を子供たちに伝えるミーム（文化的遺伝子）となる。

ID 120
橋爪智大
―
京都建築大学校
建築学科
上島研究室

学びがここに住むということ
―
地場産業が衰退した街の建築は更新能力が低下し、老朽化が著しい。そんな街に在る建築と共に新たな建築が寄り添えないのか。新たなソフトを導入するのではなく、地域に在る普遍的コミュニティ「学び」のフォームと構築された地域ストラクチャを読み解き地域の在り方を見直す。

ID 121
橋本祐紀
―
関西大学
建築学科
建築史研究室

Re Circle [s]
――離散集合する暗渠環濠集落に
対する環濠共生型小児ガン
医療施設の提案
―
奈良県田原本町における、離散集合する暗渠状環濠集落と町の中心に位置する旧陣屋町に対し、「町として展開する小児ガン拠点病院」を提案し、暗渠状の環濠と小児ガン施設と共にある「新しい環濠」をデザインする。

ID 122
長谷川睦乃
―
京都大学
建築学科
竹山研究室

時 つむぐ 丘
――旧真田山陸軍墓地と小学校の
再編計画
―
木の生い茂る緩やかな丘陵地に、旧真田山陸軍墓地は佇んでいる。時の流れから取り残された慰霊の空間と、その一角にある小学校を、周辺に開かれた文化施設と公園の機能を加えて再編する ことで日常的に利用され、人々の記憶に蓄積されていく。

ID 123
長谷川みのり
—
大阪工業大学
空間デザイン学科
建築計画研究室

Architourism of Nara
—— reorganization of the historical district
—
衰退が進む奈良の街を破壊的再開発ではなく奈良本来が持つ魅力を見つめ直すことで観光都市として再編成する。奈良の街には観光地としてのしくみが備わっていない。そこで建築をツールとして点在する観光地をつなぎ奈良の都市空間に影響を与えるべく提案した。

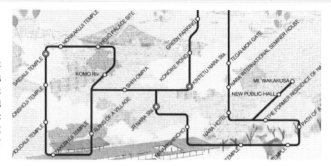

ID 124
羽原孝大
—
京都建築大学校
建築科
川北英建築研究室

Old and New Club
—— 高齢化社会に対応した
ニュータウン再生計画
—
「団地」という空間に、「高齢者の機能訓練ができる場所」→老人福祉、「親が安心して子供を預け、子どもが自由に遊べる場所」→児童福祉を設けた複合福祉施設とし、住人同士の交流を深め、高齢化社会に対応していくための団地の再生を提案する。

ID 125
浜辺里美
—
京都大学
建築学科
田路研究室

Aquateca
—— 水でつながる木造都市の構想
—
大阪堀江川跡地に、三つの木材関連施設と、それらを繋ぐ運河の計画。三つの敷地それぞれに橋詰広場／表 裏長屋／蔵屋敷舟入 という水都大阪の記憶を重ね、木材研究所／工房／ギャラリーを設計する。人々の生活から離れてしまった水の文化と廃れゆく木の文化の再生を目指す。

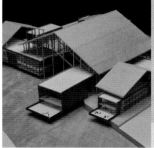 

ID 129
福島進太郎
—
京都建築大学校
建築学科
上島研究室

水無瀬を彩る古の歌
—
短歌や和歌などは、五感を基にした感覚を言葉に乗せて歌にしている。「小倉百人一首のふるさと」と呼ばれる島本町で、そのような奥ゆかしさを感じとり表現する空間を作れるのではないか。五感に通ずる建築を造り、それを通して、過去から現在へ、そして未来にまで培える空間を提案する。

ID 130
藤井一弥
—
大阪大学
地球総合工学科
阿部研究室

僕等への贈り物
—
子供の遊ぶ声。目の前を流れる運河の音。白い煙を上げる工場。僕等の知らない僕等への贈り物

ID 131
藤関利光
—
立命館大学
建築都市デザイン学科
建築意匠研究室

煙火の紅灯
――お国もの発祥地
：岡崎市の記憶の継承

愛知県岡崎市、徳川家康の生地であり、打ち上げ花火の発祥地である。かつて花火文化で栄えたこの地に岡崎市の歴史を継承した花火観光施設を設計することで、日本の衰する花火文化の再興を考える。

ID 132
藤田ちなみ
—
立命館大学
建築都市デザイン学科
建築計画研究室

歴史をよみかえす
――路地暮らしの職人たち

現在、袋小路や路地は、防災問題や高齢化、コミュニティ形成の場の喪失、空き家の増加などの問題を抱えている。これに対し本計画は袋小路や路地を立体化し、職人を集め、まちとの関係を作り出す。これらの小さな拠点を変えていくことでまち全体を変えていき、歴史を未来へとつないでいく。

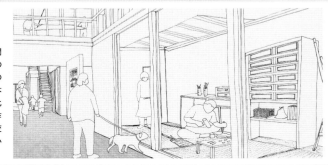

ID 134
二石菜々子
—
奈良女子大学
住環境学科
山本研究室

淵を編む
—
大阪府大阪市安治川の両岸を結ぶ安治川河底隧道。本設計では、この巨大なストラクチャーのたたずむ川の淵に、死の淵を生きる人が集い、最期まで暮らす場を提案する。

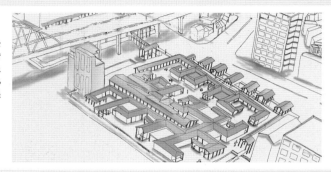

ID 136
増田満季
—
立命館大学
建築都市デザイン学科
建築計画研究室

里山自治都市
—
里山は荒廃し社会問題、環境保全問題となった。里山を守るには定期的な手入れが必要であるが林業従事者は年々減る一方で難しいのが現状だ。そこで廃れてしまった「アトリエ村」の再生をおこなうとともに、里山の手入れのサイクルを生活のサイクルに組み込んだ小さなまちを提案する。

ID 137
松井史佳
—
京都女子大学
生活造形学科
井上研究室

東海自然歩道中膝栗毛
—
東京 - 大阪間を結ぶ長距離自然歩道「東海自然歩道」を徒歩で旅する人へ向けた、自然に親しむことができる休憩・宿泊施設を道中に設計。道中から選んだ3地区共通の建築コンセプトを「自然にとけこむ建築」とする。かつて東海道で宿場町が作られたように、新たな宿場を東海自然歩道中に築く。

ID 138
松崎篤洋
—
立命館大学
建築都市デザイン学科
武田研究室

游棲
—
2040年に30％の地方自治体が消滅すると予測されている。街中から車で1時間の都市近郊農村に多拠点居住を可能とするライフスタイルと住環境として貸別荘を提案する。「定住」概念から解放された集落は農村文化と里山環境を守り続けていく。

ID 140
道ノ本健大
—
近畿大学
建築学科
坂本研究室

高野街道再編
—
4つの高野街道が交差するこの場所で、途切れた高野街道をつなぐようにまちとみちの関係を再編することで高野街道に新たな人の流れを生み出しながら、象徴的なまちとみちの関係を取り戻すことを目的とする。

ID 141
宮崎毬加
—
神戸大学
建築学科
山崎・山口研究室

Floating Space in a Housing Complex "YuRiKaGo"
——公・共・私の移り変わる集住空間の提案
—
その時々に合った用途に変化するFloating spaceを都市郊外住宅地における公共空間、居住空間など用途が混在した集住体に挿入し、小さな場所での小さな変化を生み、地域に広がる繋がりを計画する。

ID 142
宮下智子
—
京都建築専門学校
建築科二部

○から△から□から・・・
—
この敷地は、21世紀美術館と石川県立美術館という2つの美術館の間にあります。金沢市中心部にはたくさんの美術館や文化施設があるので、それらをつなげるようなものを作りました。

ID 143
宮原浩維
—
大阪大学
地球総合工学科
木多研究室

消えゆく境界の彼方
—
人々はかつて自然の中で暮らしていた。時代とともに技術が進み、建築は人と自然とを切り離す。その結果、かけがえのない自然の不可逆的な損失をもたらした。同じ過ちは繰り返してはならない。21世紀、人は再び自然と共に生きる。

ID 144
向山智恵

摂南大学
住環境デザイン学科
デザイン史研究室

天井川(旧草津川)景観創生プロジェクト

かつて天井を流れる川があった。長さ約750mの細く続く空洞は地域の境界だった。ここに3種類の公共空間と二分された地域の融合を目的とした8つの仕掛けをつくる。天井川という場所で地域が繋がり、互いに知り、見つめ直す空間を提供する。

ID 145
村上健司

大阪工業大学
建築学科
本田研究室

均質で不均質な世界

均質な中にある不均質なもの。グリッドによってつくられた都市、その中に異なるスケールのグリッドが挿入され、その混じり合う交点に均質であった都市に不均質なものが現れる。それは、建築だけではなくひとの生活を巻き込み、均質で不均質な世界となる。

ID 146
村上礼治

近畿大学
建築学科
垣田研究室

廃墟的眩暈
──大阪曽根崎の廃墟ビル

廃墟的建築は利便性や快適性といった建築物が本来備えている性質は失われているが、人を引きつける魅力をもっている。それを写真美術館として再生することにより、時間、記憶の存在をより強く認識させる場をつくりだす計画をおこなう。

ID 147
村田裕介

京都大学
建築学科
門内研究室

STREET INNOVATION
──御堂筋街路空間の提案

経路という抽象的な概念の探求によって建築が出来ないかと考えました。各地に点在する魅力的な街路空間に見られる特性や構成を抽出し、architectureとurbanが分断されてしまった現代の都市において豊かな街路空間を展開するための1つのモデルを提案します。

ID 148
森井まどか

京都女子大学
生活造形学科
片山研究室

水と緑と光の駅

"上を向いて歩こう"電車でのお出かけにわくわくしている人。通勤ラッシュにうんざりしている人。そんな人達の気分をさらに・少しでも明るくするために駅にできることは、上を向いて歩きたくなる空間を作ることではないだろうか。見上げる駅から前向きな1日を始める。

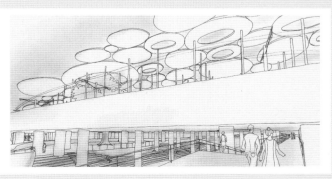

ID 151
森下孝平
—
神戸大学
建築学科
遠藤研究室

祝祭の杜
—
日本人にとって杜は地域コミュニティの中心であり、豊かさの象徴であるとともに、畏れ敬うことで信仰の対象とした神聖な場でもあった。都市に対してその雰囲気を溢れ出させる結婚式場として杜を創出する。

ID 152
森田久也
—
神戸大学
建築学科
槻橋研究室

都市の帯
—
かつて長堀川が流れ文化や物流の拠点として栄えた長堀通りはその歴史性や公共性を感じられない無機質な空間となっている。単調に続いていく見捨てられた都市インフラが舞台性、時間性、自然との並置などの手法によって都市の連続景観となり、再び人々を引きつける都市軸となる。

ID 153
八木沙音里
—
関西大学
建築学科
建築環境デザイン
研究室

海と生きる風景
—
震災後、相馬市を何度か訪れた。だんだんときれいになっていくまちに、どこか違和感を感じた。復興とはなんであるのか。復興とは堤防ができることで、危機感を削いでしまうものではなく、この地で風景と生業を取り戻すことが、ほんとうの復興ではないだろうか。

ID 154
安井規真
—
京都建築大学校
建築科
川北建築研究室

鴨川立体納涼床
—
京都の夏の風物詩「納涼床」が現在鴨川本流の流域上には出ていません。鴨川流域に新たに人がくつろげるスポットを提案します。

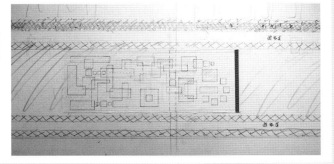

ID 155
山下大樹
—
大阪大学
地球総合工学科
木多研究室

稲むらの明日
—
「稲むらの火」の逸話で知られる和歌山県広川町は、有史以来、津波の常襲地である。見直された津波の被災想定をもとにし、来る南海トラフ地震で失われる生活の場の再建と、未来の集落を描く。

ID 156
山田鉄馬
—
京都大学
建築学科
山岸究室

都市とこどもの交錯点
—
都市からこどもたちが消えようとしている。都心の小学校は廃校となり、ビルへと建て替えられていく。都市をこどもたちへ開放するインターフェースとしての建築。

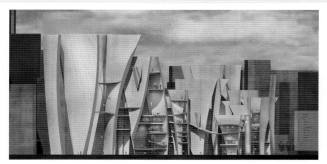

ID 157
山田菜摘
—
神戸大学
建築学科
槻橋研究室

湖に暮らす　湖と暮らす
—
琵琶湖の中から琵琶湖を見ることの出来る沖島で、新しい水辺空間を提案します。湖底を少し変形させてラグーンを作り、その上に建物を配置。どこか集落的な建物の間では、地形の高低差により人々が水に足をつけて歩いたり船で移動したり。建物だけで無く、その周りの地形、水、植生、一体の空間が建築です。

ID 158
山中晃
—
関西大学
建築学科
建築環境デザイン
研究室

都市の輪郭は緩やかに変容する。
—
急激に大きく風景が変化する大規模な開発を続ける日本の都市の現状に対して、都市の更新の在り方から都市を見直す。場所は難波と阿倍野の2つの大きな再開発に挟まれた新世界。ここに都市に於ける小さな単位での緩やかな更新を提案する。

ID 159
山名貴啓
—
京都工芸繊維大学
造形工学科
佐々木研究室

幹線道路に平行する補助モビリティによる都心の歩行者環境づくり
—
京都府都心"田の字"エリアにおいて劣悪な歩行者環境を是正する提案。既往歩行者環境の内「歩道橋」は副作用是正が容易である。街路から張り出すスロープと効果的に利用するための装置群によるシステムの中で核となるパターンが平行輸送機だ。

ID 160
湯田旭
—
京都大学
建築学科
岸研究室

Hiroshima Port Museum
—
これは、モビリティに着目した建築である。敷地は広島の海沿いに広がる広大な埋め立て地。昭和に干拓されて以来、この埋め立て地の大部分は荒れ地として放置されている。近年、車を始めとしたモビリティは変化してきており、それによって都市空間が変容する可能性をこの敷地内で考察した。

ID 162
吉田千恵

神戸大学
建築学科
孫研究室

旅の終わりを迎える人と
その家族へ
──札幌市における
住居型ホスピスの提案

緩和ケアを受ける患者が最期を家族と共に家のように過ごしながら、自己、他者、自然との対話により精神的な支えを得られる完全個室の住居型ホスピス。細い回廊を廻り自己を見つめ直し、広がる大自然に心癒される。

ID 163
吉田凌都

京都建築大学校
建築学科
小笠原研究室

oxygen tower
──酸素の自給自足

都市における緑化の取り組みによって、その重要性が注目されてきている。これから先、クリーンエネルギーが開発されていく中で、空気中の酸素を利用することが増えてくる。消費地で酸素を供給できる仕組みを建築によって構築し、そこで生活する人々に対する酸素の自給自足が可能になる提案をする。

ID 164
米田昴太郎

関西大学
建築学科
末泡研究室

スキマの原風景
──まちの狭間にたつ幼稚園

僕は郊外住宅地に生まれ、幼少期を過ごしました。海も山もない子ども時代にとっての魅力的な場所は、家と家の小さなスキマでした。子どもにとって大事なのは心に刻まれる記憶や見てきた風景、遊んだ体験だと思います。本計画はそのような原風景に寄り添うような存在としての建築を設計しました。

ID 167
渡邉匠

大阪市立大学
建築学科
建築計画研究室

module978

京都の街区割り、京間と畳1910×955mmという京町家のアノニマスな寸法体系に「978mm」というアノニマスな寸法を追加する。これが次の時代のキョウトの寸法となり、キョウトがアップデートされていく。

学生代表座談会 ── Diploma×KYOTO'15 を終えて

清山陽平[司会：京都大学] | 鎌田悠也[司会：神戸大学] | 黒柳歩夢[京都大学] | 高山裕太[大阪工業大学] | 崔秋韵[神戸大学]
林操輝[滋賀県立大学] | 渡邊詩織[京都建築大学校(KASD)] | 今治こみ加[武庫川女子大学] | 水田栞菜[京都女子大学] | 辻陽平[近畿大学]
川村真弘[立命館大学] | 久保晶子[大阪市立大学]

鎌田[神戸大学] | 今回は各大学代表、つまりDiploma×KYOTOを中心となって運営した人たちに集まってもらいました。3日間を終えて、特に運営の観点から大変だった点や反省、大学別の卒業設計に対する取り組み方の違い、他大学の卒業設計にたいして「こういうところに特色があるな」と感じた点について話したいと思います。まずは運営面についていかがでしょうか。

辻[近畿大学] | 大学内での参加者間の連絡がうまくいきませんでした。参加しているメンバーの協力がとても大切だと思いました。

川村[立命館大学] | 運営に関しては、班にメンバーを振り分ける時に人数がすごく偏ってしまったことで、班ごとに仕事量に差があり、最後の搬出や会場設営の段階で人の配置がうまくできなかったことが反省としてあります。

林[滋賀県立大] | 卒業設計の提出が終わってからも、Diploma×KYOTOに向けてまだ頑張ろうという雰囲気が製図室内にあったのがよかったです。

崔[神戸大学] | 定期的にメンバー同士の飲み会を企画してくれたおかげで、そこからDiploma×KYOTOに馴染むことができた人も多かったのではないかと思います。

各大学の卒業設計や設計演習の取り組み方について

清山[京都大学] | いろんな大学が集まっているからこそ、他大学の特色に目がいったり、逆に自分の大学の特色に気づいた部分もあると思います。

渡邊[京都建築大学校] | 京都建築大学校は建築士の資格を目指している人が多く、3年間その勉強ばかりやっています。そのため最後の1年間しか建築と向き合うことができず、他大学との経験や知識の差をひしひしと感じました。後輩にはもっと外向きな気持ちを持ってほしいと思います。

林[滋賀県立大] | 毎年思うのが、京都大学や神戸大学、大阪工業大学とか、あと最近は立命館大学も、パネルや模型を見るだけでその大学の色が表れているということです。それにたいして滋賀県立大学の場合は特にそういうのがなくて、けっこうみんなバラバラなのではないかと感じています。各大学の特色は先輩から教えてもらったりして引き継がれているものなのでしょうか？

崔[神戸大学] | 京都大学が特殊なのは一目瞭然って感じがする。神戸大学は研究室ごとに先輩に手伝ってもらうことが多い。私の場合も先輩にすごくいろいろ教えてもらいました。そういう意味で色を受け継ぐというのはあると思います。

清山[京都大学] | 京都大学もそういう部分はあるかな。先輩から教わる部分はけっこう大きいと思います。

川村[立命館大学] | 立命館大学の提案は全体的に固かったという印象です。私の研究室は就職を意識した設計に取り組んでいるのでカッチリしているというか。他大学の場合は建築のつくり方、それがどう社会に訴えるかという方向の作品が多いように感じました。そこは立命館大学が欠けている部分なのかなと。社会性に訴えることもすごく大切だと思います。

黒柳[京都大学] | 今回、立命館大学の評価が高かったですが、それは何故だと思いますか？

川村[立命館大学] | おそらく作品の「まとまり」ではないでしょうか？ 全体的にきれいにまとまっている。それにくわえて個々人の作品の完成度も高かったのだと思います。

講評会での評価の違い

鎌田[神戸大学] | では次に、大学とDiploma×KYOTO'15での講評会にはどのような違いがあるのかについて。

高山[大阪工業大学] | 私の大学の講評会の特徴は、とにかく現実的な「やさしい」建築の評価が高い。ハードな機能が評価されにくいという特徴があります。なので、最後の方に残るのはほとんど女子の案ということもあります。Diploma×KYOTOでは、可能性を見出せれば傾向に関係なく評価してもらえるところがありますね。

崔[神戸大学] | 今年の神戸大学の講評会には先生が23人もいて、本当に多かった（笑）。今年の傾向としては、ちょっと造形に走りすぎたと思います。上位10選はほぼ造形的な提案が中心のものでした。それにたいしてDiploma×KYOTOの講評会で選ばれていた作品は、サーベイをしっかりやって、地道なところから組み立てている案だったように感じました。そこは自分の大学と異なる評価軸だと感じています。

水田[京都女子大学] | 京都女子大学の卒業設計は、建築だけの講評会がなく、論文の人たちと一緒に4分間のパワーポイントを発表するだけでした。そのため指導してもらっている先生の前でしか自分の案をプレゼンをしたことが無く、このように外部の審査員の前でプレゼンするということはDiploma×KYOTOが初めてでした。伝えることの難しさを感じ、いろいろと勉強になりました。

渡邊[京都建築大学校] | 3日目のファイナリストだった森上くんは私と同じゼミで、彼の案は学校ではあまり評価されませんでした。プレゼンを聞いても先生方が理解づらかったようです。わかりやすい内容の提案が上位にはいり、自分の情熱が負けてしまっ

たことに本人はすごい悔しがっていました。その代わりDiploma×KYOTOでは、自分の案がみんなの目にとまって、いろんなことを聞いてもらえたことがすごくうれしかったみたいです。

後輩へのメッセージ

清山[京都大学]｜では最後に、これまで一年間大学の代表というかたちでDiploma×KYOTOの運営に携わってきて、来年度の後輩たちにメッセージをお願いします。
水田[京都女子大学]｜京都女子大学の建築はあまり知られておらず地味なんですが、みんなでその流れを変えたいとすごく思っていました。Diploma×KYOTOのおかげで他大学の様子を知ることができて、Diploma×KYOTOに参加することは私たちのモチベーションになっていました。
辻[近畿大学]｜大学外との交流が少ないと思っていたので、こういうところに出てくると他大学の作品をみることができ、実力もわかる。すごくいい場所だと思います。後輩には積極的に参加してもらいたいです。
林[滋賀県大]｜大学の特徴をきちんと出すということが大事だと思いました。そういう意味では大学外での交流だけでなく、それを学内に持ち帰って来年以降に反映させていきたいです。
今治[武庫川女子大学]｜月1で会議があり、しかも大学からはどこも遠い。確かに大変だったけど、それ以上にこの3日間で他大学のレベルに圧倒され、すごく刺激を受けました。何よりも楽しかったですね。
崔[神戸大学]｜運営に関しては、1人で全部やろうとせず、きちんと仕事を振る。それさえやればみんなで一緒にやっていけると思います。また、参加するなら運営にもしっかり関わった方が、自分に返ってくるものも大きいのではないでしょうか。
渡邊[京都建築大学校]｜自分がしっかりと作品と向き合えば、評価してもらえるんだとわかりました。なので大学の外に飛び出してみたい！と思ったらそのまま行ってしまえばいいと思います。どんどん欲を出して、いろんなものをつかみに行ってほしいと思います。
高山[大阪工業大学]｜学内での評価に疑問を持っている人は、提出したあと一ヶ月頑張って、Diploma×KYOTOでまた違う評価をもらうのがいいと思います。自分の作品をもっと好きになれるのではないかと思いました。
清山[京都大学]｜どうもありがとうございました。皆さんに話してもらった通り、卒業設計というもの自体、良い悪い、優秀だとか拙いとか、そういうことが一概には言えないものだと思います。評価基準が曖昧というか、いくつもある。Diploma×KYOTOは他の多くの卒業制作展と違い、総合優勝を1つ決めるのではなく、3日間で異なる審査員、そして評価軸でもって、いろいろな視点から、作品のいいところ、可能性を見つけていく。そしてそれを受けて他の人も、様々な可能性に気づいていける。さっきも言ってくれたように、恐れずに一度飛び込んでみることが大切だと思います。そうすると本当にたくさんのことを学べて、しかも参加者が多いほどに、学び合える可能性は広がる。どんどん膨らんでいく可能性の場として、来年度以降もDiploma×KYOTOを、より豊かな場にしていってもらいたいですね。1年間、お疲れ様でした。

会を終えて

2015年、今年もDiploma×KYOTOが開催されました。出展者は例年に比べ少なく、会期中やそれまでの運営にもたくさんの問題を抱えてきた今回のDiplomaでしたが、それに伴い非常に多くの、密度の高い思考、議論、問題解決への努力が生まれてくる中で、確実に団体としての絆が強くなってきたのを感じました。会全体のテーマである「spring」。まさに厳しい「冬」を乗り越えた自分たちにとって、今回のDiplomaは特別な「春」になったと感じています。

さて、Diplomaは「一等賞」を決める場所ではありません。「評価の場」というよりもむしろ、豊かな「批評の場」である。会期を終えた今となって、そう強く思います。建築やランドスケープの意匠設計を生業とされている審査員によって、深く深く作品が掘り下げられた1日目。社会学、構造、また社会に応じた幅広いデザインをそれぞれ専門にされている先生方により、様々な角度から作品が刻まれた2日目。そして、学生自らが相互に主張をぶつけあった3日目。大学で学んできたことにとどまらず、今までの人生20年余りの集大成とも言える卒業設計は、3日間を通して四方八方から揉まれ、叩かれ、時に称賛されました。出展者は大きく揺らいだことでしょう。おそらくこの揺らぎこそ価値であり、この体験から私たちが何を考え、生み出していくのか、そこにこのDiplomaの意義があると感じています。これからも建築というものに対して、思想・試行をとめないこと。いつか必ず訪れるつらい季節や苦しい季節を乗り越え、それぞれの「新しい春」を迎えること。出展者みんなの歩んでいくそんなアニュアルなプロセスと、その繰り返しのすべてに希望を感じている今日であります。

最後になりましたが、会に対してご理解、ご尽力いただいた御協賛企業の皆様、今年も会場提供いただき、また細やかな気配りをいただいた京都市勧業館みやこめっせ、会期中の拙い進行をカバーしつつ、2日間に渡り司会を勤めていただいた松田達先生、審査いただいた佐々木葉二先生、島田陽先生、西沢立衛先生、八束はじめ先生、ナガオカケンメイ先生、南後由和先生、満田衛資先生、また本書の刊行をはじめ様々な面で会を支えてくださった総合資格学院様、編集・デザインに多大なるご協力をいただいた川勝真一様、和田隆介様、西村祐一様、そして会全体を一緒につくってくれたDiploma×KYOTO'15のみんな。誰一人の協力が欠けても、本会および本書の刊行は成立しませんでした。ここに、心よりの感謝を申し上げます。本当にありがとうございました。

これをもちましてDiploma×KYOTO'15を閉じ、Diploma×KYOTO'16にバトンを渡したいと思います。

Diploma×KYOTO'15書籍班班長
清山陽平

日本の住まいを変える！

～ わたし達と一緒に新たな住まいづくりをしませんか ～

- 『匠の心』カンナ社長（元・大工）の住まいに対する熱い想い
- 『永代家守り』社員一丸となっての入居者訪問や、お手入れ講座
- 『キッズデザイン』4年連続受賞（2014年度：MOKU MOKUプロジェクト）
- 『住生活研究所』京都大学はじめ、各建築系大学との共同研究
- 『ジャーブネット』アキュラホームの考えに賛同いただいた工務店ネットワーク（全国約330社）

職人品質を、もっと身近に。
アキュラホーム

○ NTTファシリティーズ

GOOD DESIGN
×
CASBEE S.CLASS

建物のゆるぎない価値とは。

グッドデザイン賞受賞とCASBEE®（建築環境総合性能評価）最高Sクラス※を実現したNTT中央研修センタ新5号館。それは、建物がデザインと環境性能の両方を高いレベルで両立する証です。NTTファシリティーズは、環境技術×ICTで建物に新たな価値を創造します。

※CASBEEは自社簡易診断によるものです。　「CASBEE」は、財団法人建築環境・省エネルギー機構の登録商標です。

高機能デザイン
格子状の外観は構造体と日射制御機能を兼備

長寿命
内外装材を極力減らしたシンプルなデザインで維持管理に配慮

ICT
デジタルサイネージによる情報発信

環境配慮設計
自然換気の研修室、中間期ゼロ空調エントランスの実現

環境と人と社会が共生する建築
GreenITy Building ◗

 Smart & Safety　株式会社 NTTファシリティーズ　お問合せは 0120-72-73-74　9:00～17:00（土・日・祝日をのぞきます）　✉ info@ntt-f.co.jp　 グリニティビルディング 🔍

建 築 科 〈昼間〉	少人数指導で、設計・インテリア・木工のプロフェッショナルを育てます。
建 築 科 二 部 〈夜間〉	社会人やダブルスクールの学生のためのコース。建築士の資格取得をめざして効率よく学べます。
伝統建築研究科 〈夜間〉	日本の伝統建築（歴史的建築）を保存・修復・活用するための知識を学べます。

学校法人京都建築学園
京都建築専門学校
KYOTO ARCHITECTUAL COLLEGE

〒602-8044 京都市上京区下立売通堀川東入ル東橋詰町174
TEL.075-441-1141

www.kyotokenchiku.ac.jp

オープンスクール Webで随時受付！

間違いを探せ！

家族と共に創る幸せのカタチ。

いつまでも家族の記憶が残っていくように、
わたしたちは家づくり＝"ふるさと"づくりと考えています。
何気ない毎日も、そこに帰れば温かさを感じられる。
「家族の幸せを共に感じ、共に願い、共に創る」
住む人の思いに真剣に寄り添い、心のつながりを大切にする家づくり。
それがスムースです。

家族のこれまでとこれからをつなぐ住まいづくり。

住宅設計・施工
free. 0120-992-315　http://www.sumustyle.com

40th ANNIVERSARY

「もっと、」の夢を叶える「未来」始まる。

もっとが、ほんとになる。
賃貸住宅 未来研究所
mirai-ken.com

セキュリティを！もっと、
サービスを！もっと、
ドキドキを！もっと、
趣味を！もっと、
エコを！もっと、
うるおいを！もっと、
ふれあいを！もっと、
夢を！もっと、
夢を！もっと、
ワクワクを！もっと、
出会いを！もっと、
つながりを！もっと、
個性を！もっと、
快適を！もっと、
子育てを！もっと、
元気を！もっと、
自然を！もっと、
楽しさを！もっと、
もっと、

賃貸住宅にできることを、もっと。

私たち大東建託は、これからの「賃貸住宅」にできることを探求し
新しい暮らしをデザインするために「賃貸住宅未来研究所」を設立しました。
「個性を！もっと、」「自然の光と風を！もっと、」「ふれあいを！もっと、」「夢を！もっと、」
賃貸住宅の「未来」について、もっと、もっと、語り合いましょう。
「もっと、」から生まれる「ほんと。」が、賃貸住宅の「未来」をデザインします。
そう考えたら、なんだかワクワクしてきませんか？
あなたも一度、「もっとが、ほんとになる。賃貸住宅未来研究所」に遊びに来てください。

賃貸住宅の未来は、もう始まっています。

「もっとが、ほんとになる。賃貸住宅 未来研究所」に
賃貸住宅に関するあなたの「もっと、」の声をお聞かせ下さい！

詳しくは　大東建託 未来研究所　検索

大和ハウスグループ

共に創る。共に生きる。

大和ハウスグループは、
グループシンボル「エンドレスハート」に
お客様と私たちの永遠の絆と
私たちグループの連帯感を託しました。
人・街・暮らしの価値共創グループとして、
私たちは社会に新しい価値を築いてまいります。

大和ハウス工業株式会社
www.daiwahouse.co.jp

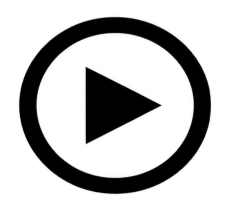

DE-SIGN

お客様の「したい」をカタチにする
これが私たちの仕事です。

design-inc.co.jp

葉っぱの世紀のはじまり。

MIYAMA桧 玄関ドア
MIYAMA HINOKI ENTRANCE DOOR

ラスティック玄関ドア
RUSTIC ENTRANCE DOOR

ヨーロピアン玄関ドア
EUROPEAN ENTRANCE DOOR

小さな窓辺シリーズ
ARTS-KLEINE FENSTER

YUDA WOOD

Vol.35-A

F☆☆☆☆
日本製

ユダ木工株式会社
YUDA WOOD PRODUCT COMPANY

UT-Group Internship 2016

JASDAQ上場！国内最大級 総合エンジニアリング企業グループ！

UTエンプロセンター
~Yes Challenge, UT Group Recruitment Tour~

建設業界が面白いほどよくわかる 2DAYS!!
建築土木系対象

| 往復交通費 | 宿泊滞在費 | **0円** 全額支給 |

毎月第4火曜水曜開催中！

【インターンシップコンテンツ】

■ 学生と社会人の違い？　〜働くとはどういうことか〜

■ 建設業界をとことん学ぶ
　〜学校では教えてもらえない業界リアル事情〜

■ 建設業界でのキャリアプランの考え方
　〜自分に合った理想のキャリア設計とは〜

■ 懇親会＆座談会
　（先輩社員・2014年度新入社員）

■ 本社見学ツアー　〜各部門の仕事を知る〜

※ご予約・お問い合わせは　action2015@ut-h.co.jp　もしくは　0120-992-429（新卒採用担当）まで、お気軽にご連絡ください。

自動車・通信機器・半導体・建設関連・IT関連で最先端の技術を提供する総合エンジニアリング企業グループ！

UTホールディングス株式会社（JASDAQ）※採用窓口
本社住所：東京都品川区東五反田一丁目11番15号 電波ビル6階
設立：1995年4月　資本金：5億円（グループ計）　従業員：7,995名（グループ計）
売上高：307億970万円（2014年3月期・グループ計）

【事業内容】
■ 建設設計・施工請負事業、建設技術者派遣事業
■ 技術開発における構内請負・受託開発事業、技術コンサルティング
■ 総合アウトソーシング・設計開発事業

【募集会社・募集職種】
■ UTコンストラクション・ネットワーク株式会社
　★建設エンジニア（建築・土木・設備・プラント各種施工管理、図面設計）
■ UTリーディング株式会社
　★設計開発エンジニア（組込系・業務系ソフトウェア、ハードウェアの設計・開発）

採用フリーダイアル
0120-992-429

マイナビ2016にも採用情報掲載中！ぜひご覧ください。

PANIC Handle | Custom made

Door Handle | T2972-26-131

Lever Handle | Custom made

株式会社ユニオン　www.artunion.co.jp

高い美意識とクラフトマンシップ──デザイン、素材、仕上げに徹底的にこだわり、さまざまな製品を通して豊かな建築文化を創造します

本社・大阪支店	〒550-0015 大阪市西区南堀江2-13-22	tel 06-6532-3731	建築用金物「アーキズム シリーズ」		住宅用製品「モデライズ シリーズ」
東京支店	〒135-0021 東京都江東区白河2-9-5	tel 03-3630-2811	建築用ドアハンドル	キャスタル ＋メタルアート	ユニアート
名古屋営業所・ショールーム	〒454-0805 名古屋市中川区舟戸町3-20	tel 052-363-5221	レバーハンドル	ケアシステム ハンドバー	クロセット
アトリエユニオン(ショールーム)/大阪	〒550-0015 大阪市西区南堀江2-13-22	tel 06-6532-8920	消火器ケース・AEDケース アルジャン	フロアシステム	
アトリエユニオン(ショールーム)/東京	〒135-0021 東京都江東区白河2-9-5	tel 03-6689-2980	ドアストップ エッセ	視覚誘導点字鋲 ナビライン	景観製品
Los Angeles Office	19142 S. Van Ness Ave. Torrance, CA 90501 U.S.A	tel ＋1-(310)618-8870	ユニスマート		都市景観 ヒューランドスケープ
New York Office	180 Varick St., Suite 912 New York, NY 10014 U.S.A	tel ＋1-(917)261-4282			

UNION

キミの一歩で町が変わる
キミの想いが地図に残る
夢を真にするのは、キミ自身!!

www.yumeshin.co.jp

株式会社 夢真ホールディングス

ずばり!「ゆめしん」ホールディングスと読みます！

当社は建設派遣業界のリーディングカンパニーとして、高い信頼と実績をもつ業界最大手の上場企業です。

将来性抜群 技術者の**70%**が**20代**という若さ！
技術者2,200名。多くの若手が活躍しています！

株式会社夢真ホールディングス
■東京本社　東京都千代田区丸の内1-4-1 丸の内永楽ビルディング 22F　TEL03-3210-1200
■営業所　□仙台　□郡山　□大宮　□横浜　□名古屋　□大阪　□福岡

採用に関するお問合せは
株式会社夢真ホールディングス
採用サテライト 夢探索カフェ大阪
📞 06-4963-7701　📠 06-6282-3688

インフォメーション　information

建築士試験の変更と受験資格の厳格化

まずは一級建築士で大きな変更に!
建築士法改正で、2009年度から一級建築士の受験資格要件が変わり、試験内容も変更となりました。資格要件では、「国土交通大臣が指定する建築に関する科目（指定科目）を修めて卒業後、所定の実務経験」を積むことが必要となり、試験内容では、従来4科目だった学科試験に、「環境・設備」が加わり、5科目（I.計画、II.環境・設備、III.法規、IV.構造、V.施工）になるなど大きな変更となりました。製図試験においては、構造設計や設備設計に関する条件が課され、より実務に関する知識が問われるようになりました。

二級建築士試験も2012年度から新試験がスタート!
一級建築士試験の見直しに続き、2012年度には、二級建築士の試験内容が大幅に見直されました。学科試験は科目構成や出題数の変更はないものの、技術の進歩・高度化や環境問題、法改正などを踏まえて見直されることとなり、今後新傾向の問題が増えると予想されます。設計製図試験は「計画の要点」の記述が課されたり、試験時間も30分増え5時間になるなど、大きな変更となりました。

技術者不足からくる建築士の需要

東日本大震災からの復興に続き、公共事業の増加や景気回復の影響を受け、建設業界は長期間にわたる不況から脱しつつあります。さらに2020年の東京オリンピック開催が正式に決定したことにより、今後もますます建設需要が拡大することが予想されます。しかし、かねてから続く人材不足が解消されないまま、建設需要だけが大幅に拡大しているため、人材不足はますます深刻が進み、特に監理技術者・主任技術者の不足は大きな問題となっています。

1 東日本大震災の復興
2011年に発生した東日本大震災。被災地全体の一日も早い復興のために、現在も作業が急ピッチで進められています。

2 東京オリンピック2020
2020年の開催が決定した東京オリンピック。施設の新設やインフラ整備など、様々な工事が行われる予定で、建設業界への大きな追い風になることが期待されています。

Topic ▶ 国土強靭化
国民の生命と財産を守るため、強くてしなやかな国づくりを目指す

東日本大震災・笹子トンネル天井板落下事故等を教訓に、2013年12月に「国土強靭化基本法」が成立しました。同時に「国土強靭化政策大綱（案）」も示され、国策として国土強靭化を推進する体制が整いつつあります。この政策により「防災・減災対策」や「老朽化対策」等で、今後、公共事業が大幅に増加することが見込まれています。

▶ 二級建築士

建築士のスタートかつ使える資格、二級建築士

「二級建築士をとばして、いきなり一級建築士を取得するからいいよ」は昔の話です。建築士試験そのものが難化しており、働きながら一級建築士を一発で取得することは難しい状況となっています。また、二級建築士でも住宅や事務所の用途であれば木造なら3階建て1000㎡まで、鉄骨やRCなら3階建て300㎡まで設計が可能なのです。

まして、独立時は小規模建築から始めることが多く、ほとんどの設計事務所ではこの規模の業務が中心となります。ですから二級建築士を取得していれば、ほとんどの物件が自分の責任で設計監理ができるのです（設計事務所以外でも建築関連企業、特に住宅メーカーや住宅設備メーカーでは二級建築士資格は必備資格となっています）。

ただし、独立開業するには管理建築士の資格が必要となります。二級建築士として管理建築士になっておけば、将来一級建築士を取得したときには即一級建築士事務所として仕事が開始できるのです。その意味でも二級建築士は建築士のスタートであり、かつ、実務的にも使える資格といえます。

大学院生は在学中に二級建築士資格を取得しておくべき

大学院生は修士1年（以下M1という）で二級建築士試験の受験可能となります。在学中に二級建築士資格を取得し、卒業後、資格者として責任ある立場で建築の実務経験を積むことが企業からも求められています。そして、人の生命・財産をあつかう建築のプロとしてはそれが本来の姿なのです。また、実務資格である建築士資格の取得に際して、「最低ラインでも合格できればいいや」ではなく、建築にたずさわる者は前述のごとく、人の生命・財産をあつかうプロとして責任を果たさなくてはいけません。本来、100点または限りなく100点に近い点数で合格しなくてはならないのです。

そのためには、在学中（学部3年次）から勉強をスタートすることが必要となります。今、すごく忙しいと思っていても、社会人になれば、今以上に忙しいものなのです。後になって気がついても‥‥。

M1で二級建築士資格を取得しておけば、①就活にも有利にはたらきます②就職試験対策にもなります③将来建築関連企業に就職すれば学習で得た知識が建築の実務で活かすことができます。大学卒業後就職する方も同様に、就職1年目に二級建築士資格を取得しておくべきです。

難化する二級建築士試験

2004年度と2014年度の合格者属性「受験資格別」の項目を比較すると、「学歴のみ」の合格者が18ポイント以上も増加していることが分かります。以前までなら直接一級をめざしていた高学歴層が二級へと流入している状況がうかがえます。二級建築士は、一級に挑戦する前の基礎学習として、徐々に人気が出ているようです。その結果、二級建築士試験が難化を見せ始めています。資格スクールの利用も含め、合格のためには万全の準備で臨む必要があります。

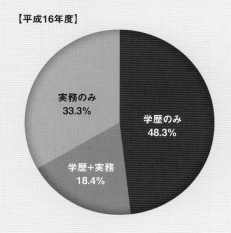

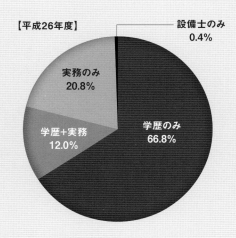

インフォメーション information

▶ 管理建築士

建築士事務所は、管理建築士が管理しなくてはなりません。管理建築士とは、建築士法第24条に定める、事務所の技術的事項を管理する建築士のこと。建築士事務所には、必ず1人以上の管理建築士を置かなければなりません。管理建築士になるには、建築士として3年以上の設計その他の国土交通省令で定める業務に従事した後、国土交通大臣の登録を受けた機関が行う管理建築士講習の課程を修了する必要があります。

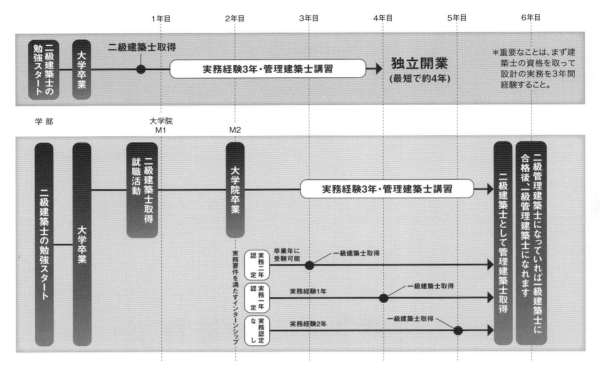

一級建築士の受験資格をチェック

平成21年以降大学院に進学した人……

院在学中に建築事務所などでのインターンシップ等で、30単位取得できれば、通常は卒業後すぐに一級建築士は受験可能。(1年実務しか認められないケースもあるので各々調査が必要。)
卒業年にストレートで試験に合格(卒業前から試験勉強をしておくことを推奨)した後、実務に3年従事し、管理技術者講習を受講・修了すれば管理建築士に！

インターンシップ等の単位を取得未定の人……

大学院在学中に二級建築士に合格して、就職後実務3年で管理建築士になるというプランが最も堅実。近い将来、このプロセスがポピュラーな道になると思われます。

二級建築士でも管理建築士になれる

二級建築士を取得後、実務を3年間経験し、管理建築士講習の課程を修了すれば管理建築士になれます。一級建築士事務所の管理建築士になるためには、一級建築士の資格が必要ですが、一級建築士の資格取得には時間がかかることが予想されます。先に二級建築士を取得しておくことで、一級建築士取得後にスムーズに一級建築士事務所の管理建築士になる要件を満たすことができます。
※建築士事務所は、管理建築士(一建築士法第24条に定める、専任の建築士)が管理しなければならない。また、「管理建築士」が不在となった場合は、30日以内に廃業等の届を提出しなければなりません。

在学中に勉強して取得できる二級建築士・管理建築士講習についての詳しい情報は、
総合資格学院のホームページへ(http://www.shikaku.co.jp/)。

総合資格学院

平成26年度 1級建築士設計製図試験
全国 ストレート合格者占有率

全国合格者 1,642名中
当学院現役受講生 1,019名

62.1%

平成27年度 1級建築士学科試験
全国 合格者占有率

全国合格者 4,806名中
当学院現役受講生 2,582名

53.7%

※当学院のNo.1に関する表示は、公正取引委員会「No.1表示に関する実態調査報告書」に基づき掲載しております。
※全国合格者数は、(公財)建築技術教育普及センター発表に基づきます。
※総合資格学院の合格実績には、模擬試験のみの受験生、教材購入者、無料の役務提供者、過去受講生は一切含まれておりません。
※1級建築士設計製図試験の合格実績は平成26年12月18日の合格発表時点のものであり、台風19号の影響により平成26年10月12日の実施を取り止めた沖縄県は含まれておりません。

目標 平成28年度もより多くの合格者を輩出できるようスタッフ一丸となってサポートします!

1級建築士試験 ストレート合格者占有率（学科＋製図）
95%

1級建築士学科試験 合格者占有率
90%
都道府県単位で100%を目標

2級建築士試験 ストレート合格者占有率（学科＋製図）
70%

2級建築士学科試験 合格者占有率
60%

平成26年度 1級建築士設計製図試験 1級建築士卒業学校別実績（卒業生合格者20名以上の全学校一覧／現役受講生のみ）

下記学校卒業生合格者の **61.6%** が総合資格学院の現役受講生でした。 合格者合計 2,199名中 当学院現役受講生 1,355名

順位	学校名	合格者数	当学院合格者	当学院利用率
1	日本大学	201	116	57.7%
2	東京理科大学	130	85	65.4%
3	早稲田大学	90	62	68.9%
4	近畿大学	75	54	72.0%
4	芝浦工業大学	75	47	62.7%
6	明治大学	67	42	62.7%
7	工学院大学	64	34	53.1%
8	大阪工業大学	51	30	58.8%
8	法政大学	51	36	70.6%
10	京都工芸繊維大学	50	40	80.0%
10	京都大学	50	25	50.0%
12	東海大学	47	26	55.3%
13	九州大学	46	30	65.2%
14	関西大学	42	26	61.9%
14	金沢工業大学	42	22	52.4%
14	神戸大学	42	29	69.0%
17	名城大学	41	27	65.9%
18	東京都市大学	40	28	70.0%
19	中央工学校	39	26	66.7%
20	東京電機大学	38	22	57.9%
21	神奈川大学	37	23	62.2%
21	東京工業大学	37	26	70.3%
21	東京大学	37	22	59.5%
24	千葉工業大学	36	17	47.2%
24	首都大学東京	36	25	69.4%
26	千葉大学	35	22	62.9%
27	大阪市立大学	33	20	60.6%
28	愛知工業大学	32	19	59.4%
28	横浜国立大学	32	21	65.6%
30	名古屋工業大学	31	21	67.7%
31	新潟大学	30	15	50.0%
31	大阪工業技術専門学校	30	11	36.7%
33	北海道大学	29	14	48.3%
34	熊本大学	28	11	39.3%
34	広島工業大学	28	10	35.7%
36	鹿児島大学	27	17	63.0%
36	大阪大学	27	14	51.9%
36	東北大学	27	18	66.7%
39	大分大学	26	15	57.7%
39	福井大学	26	11	42.3%
41	関東学院大学	25	18	72.0%
41	日本工業大学	25	17	68.0%
43	信州大学	24	17	70.8%
43	前橋工科大学	24	15	62.5%
43	福岡大学	24	14	58.3%
46	東洋大学	23	12	52.2%
46	名古屋大学	23	17	73.9%
48	三重大学	22	17	77.3%
48	東北工業大学	22	14	63.6%
50	武蔵野美術大学	21	16	76.2%
50	立命館大学	21	17	81.0%
52	広島大学	20	13	65.0%
52	室蘭工業大学	20	9	45.0%

※卒業学校別合格者数は、(公財)建築技術教育普及センターの発表によるものです。※総合資格学院の合格者数には、「2級建築士」等を受験資格として申し込まれた方も含まれている可能性があります。
※総合資格学院の合格実績には、模擬試験のみの受験生、教材購入者、無料の役務提供者、過去受講生は一切含まれておりません。（平成26年12月18日現在）

Diploma×KYOTO'15
京都建築学生之会合同卒業設計展

2016年1月10日初版発行

[編著]
京都建築学生之会

[発行人]
岸隆司

[発行元]
株式会社 総合資格 出版局
〒163-0557 東京都新宿区西新宿1-26-2 新宿野村ビル22F
TEL 03-3340-6714(出版局) | http://www.shikaku-books.jp/

[企画・編集]
株式会社 総合資格 出版局（片岡繁、新垣宜樹、梶田悠月）

[編集・制作]
川勝真一
和田隆介

[編集協力]
京都建築学生之会2015
（書籍班：清山陽平、甲津多聞、安藤晟、今川泰江、今治こみ加、鎌田悠也、小林広美、佐藤克志、丹羽健一郎、山下大樹、山田菜摘、吉田千恵）

[デザイン]
西村祐一／rimishuna

[撮影]
瀧本加奈子
＊p17、p21、p31、p35、p45を除く

[印刷・製本]
セザックス株式会社

落丁本・乱丁本はお取り替え致します。
本書の無断転写、転載は著作権法上での例外を除き、禁じられています。

Printed in Japan
ISBN 978-4-86417-158-8
Diploma×KYOTO'15 京都建築学生之会